MINISTÈRE DE L'INSTRUCTION PUBLIQUE

RÈGLEMENT ET INSTRUCTION

SUR

LA COMPTABILITÉ

DES

FACULTÉS ET DES CORPS DE FACULTÉS

(Décrets du 10 août 1893)

PARIS

IMPRIMERIE NATIONALE

M DCCC XCIV

MINISTÈRE DE L'INSTRUCTION PUBLIQUE

RÈGLEMENT ET INSTRUCTION

SUR

LA COMPTABILITÉ

DES

FACULTÉS ET DES CORPS DE FACULTÉS

(Décrets du 10 août 1893)

PARIS

IMPRIMERIE NATIONALE

—

M DCCC XCIV

EXTRAIT

DE LA LOI DE FINANCES DU 28 AVRIL 1893. — ARTICLE 71.

PERSONNALITÉ CIVILE DES CORPS DE FACULTÉS.

Le Corps formé par la réunion de plusieurs Facultés de l'État dans un même ressort académique est investi de la personnalité civile.

Il est représenté par le Conseil général des Facultés.

Il sera soumis, en ce qui concerne ses recettes, ses dépenses et sa comptabilité, aux prescriptions qui seront déterminées par un règlement d'administration publique.

CIRCULAIRE AUX RECTEURS.

Paris, le 20 novembre 1893.

Monsieur le Recteur, la loi du 28 avril dernier a constitué en corps les Facultés de l'État de chaque ressort académique; elle a investi ce corps de la personnalité civile, et elle a décidé qu'il serait représenté par le Conseil général des Facultés.

L'importance de ces dispositions n'a échappé à personne. Elles sont un nouveau pas et un pas décisif dans la voie où les Facultés ont été engagées depuis dix ans. Les décrets du 25 juillet 1885 avaient remis en lumière et réglementé leur personnalité civile individuelle, mais ils les laissaient sans rapports

* 1.

et sans liens. Le décret du 28 décembre suivant les a rapprochées, leur a donné des buts à poursuivre en commun, et, pour cette action collective, les a pourvues d'un Conseil général élu par elles; mais il ne pouvait les unir en un même corps, faire de ce corps une personne civile et donner à l'existence même du Conseil général des Facultés d'autres garanties que celle d'un règlement. Pour aller plus loin, la loi était nécessaire. Elle est intervenue, et, s'autorisant des résultats donnés par les décrets de 1885, elle a confirmé ce qu'ils avaient fait, continué ce qu'ils avaient commencé, et préparé la voie pour de nouveaux progrès. La question finale des Universités reste entièrement réservée; mais les Corps de Facultés qui peuvent désormais posséder, acquérir et recevoir, qui sont doués d'attributions scientifiques, scolaires, financières et disciplinaires, qui sont capables d'une vie propre, qui ont leurs organes spéciaux de délibération et d'action, sont déjà des institutions où l'enseignement supérieur trouvera un notable accroissement d'indépendance et de responsabilité.

Des principes posés par la loi, découlait nécessairement une réglementation nouvelle du Conseil général des Facultés. Elle est l'objet d'un décret rendu le 9 août dernier [1], le Conseil supérieur de l'Instruction publique entendu, et qui modifie le titre 1er du décret du 28 décembre 1885.

En vous adressant ce document, je crois devoir en commenter les différents articles.

ART. 1er. — Il est relatif à la composition du Conseil général. Cette composition n'est pas essentiellement modifiée. Le recteur continue d'être membre de droit du Conseil et de le présider; en font également partie de droit les doyens, le directeur de l'École supérieure de pharmacie et le directeur de l'École de médecine du département où siège l'Académie; chaque Faculté continue d'y être représentée, en outre, par deux membres élus, et l'École de médecine par un délégué.

La seule modification est relative à la représentation de l'École supérieure de pharmacie. Le décret du 28 décembre 1885 n'attribuait à cette École qu'un seul délégué, il a paru équitable de lui en donner deux comme aux Facultés. Je vous prie, en conséquence, d'inviter l'École de pharmacie de votre ressort à procéder le plus tôt possible à l'élection d'un nouveau délégué. Il sera désigné jusqu'à l'expiration des pouvoirs actuels du Conseil.

---

[1] Voir page 15.

Une modification plus importante a trait à la compétence des divers membres du Conseil.

Le décret de 1885 ne distinguait pas et n'avait pas à distinguer entre eux. Le règlement de 1893 a dû le faire. Le Corps constitué par la loi du 28 avril se compose en effet des Facultés, et non des Facultés et de l'École de médecine. La raison en est simple : en dehors des dons, legs et subventions, le budget des Facultés vient de l'État; celui de l'École de médecine vient de la ville qui l'entretient; les restes disponibles sur les dépenses annuelles des Facultés ne font pas retour au Trésor; ceux que peuvent présenter les budgets des Écoles de médecine reviennent aux caisses municipales. Il était donc impossible de mettre en commun des ressources aussi différentes. D'où la nécessité de ne pas comprendre dans le Corps de Facultés, formant une personne civile, pourvue d'un budget propre, des établissements dont les budgets particuliers doivent, par suite des conditions où ils sont votés et alimentés, demeurer indépendants.

Il en résultait nécessairement que seuls les représentants des établissements compris dans le Corps des Facultés pourraient avoir compétence pour traiter les affaires de ce Corps en tant que personne civile. D'où cette disposition du paragraphe 4 de l'article 1er que le directeur et le délégué de l'École de plein exercice et préparatoire de médecine et de pharmacie n'ont séance au Conseil général que « dans les affaires d'ordre scientifique, scolaire et disciplinaire ».

Il m'eût paru fâcheux, et le Conseil supérieur a partagé ce sentiment, après avoir admis au Conseil général, en 1885, l'École de médecine du chef-lieu académique, de l'en exclure en 1893. Cette assemblée n'aura pas à délibérer seulement sur ses biens et son budget; elle sera saisie de questions d'un tout autre ordre, questions scolaires, questions scientifiques, questions disciplinaires, qui intéressent autant l'École de médecine que les Facultés. Dans toutes ces questions l'École de médecine sera entendue au même titre et avec les mêmes droits que par le passé.

Il est inutile et il serait périlleux de chercher à dresser ici la liste complète des questions relevant de la compétence du Conseil général en tant qu'il représente le Corps des Facultés. Le droit de vœu dont jouissent tous les membres du Conseil suffirait à empêcher cette énumération. Toutefois, à s'en tenir au texte même du décret, les représentants du Corps des Facultés ont seuls séance dans les affaires relatives :

A l'administration des biens du Corps des Facultés (1° de l'article 5) à la création des enseignements rétribués exclusivement sur les fonds et biens du Corps des Facultés (5° du même article);

Aux acquisitions, aliénations, échanges et locations des biens appartenant au Corps des Facultés (1° de l'article 7), à l'acceptation des dons et legs faits au profit du Corps (2° du même article).

Aux subventions offertes au même Corps par les départements, les communes, les établissements publics, les établissements d'utilité publique et les particuliers (3° du même article);

Aux actions en justice intentées ou soutenues par le Corps (4° du même article);

Aux emprunts contractés par ce Corps (5° du même article);

Aux budgets et comptes du Corps des Facultés (1° de l'article 9);

Aux budgets et comptes des Facultés (2° du même article);

Aux règlements relatifs aux services communs à plusieurs Facultés (4° du même article), sauf dans le cas où l'École de médecine subventionnerait quelques-uns des services communs.

Art. 2. — *Cet article est relatif à l'élection des délégués. Aucune modification n'est apportée sur ce point au décret de 1885.*

Art. 3. — *L'article 3 ne contient qu'une addition au texte antérieur. Il porte que le vice-président du Conseil général supplée le président en cas d'absence ou d'empêchement. Dans la pratique il en était sans doute ainsi déjà; mais, avec les nouvelles attributions financières du président, mention expresse devait en être faite.*

Art. 4. — *L'article a trait aux attributions du recteur, président du Conseil général. Les pouvoirs dont le recteur est investi sont : 1° un pouvoir d'instruction; 2° un pouvoir d'exécution. Sous l'autorité du Ministre, il instruit toutes les affaires intéressant le Corps des Facultés; sous la même autorité, il assure l'exécution des décisions du Conseil général.*

De ces décisions les unes peuvent être relatives au Corps même des Facultés, les autres à une ou plusieurs Facultés déterminées. Les premières seules sont exécutées directement par le recteur; les autres le sont, sous son autorité, par les doyens ou directeurs, chacun en ce qui concerne l'établissement qu'il administre.

Comme pouvoir exécutif, le recteur représente le Corps des Facultés en justice et dans les actes de la vie civile; à ce titre, et en vertu des délibérations du Conseil général, il intente les actions en justice et y défend; il accepte définitivement les dons et legs; il signe les actes d'acquisition, d'aliénation, d'échange; il passe les baux, les adjudications et les marchés; il contracte les emprunts.

Art. 5 à 9. — Ces articles déterminent les attributions du Conseil général, à l'exception des pouvoirs disciplinaires réglés par l'article 12.

Ces attributions se répartissent sous trois chefs: les décisions, les délibérations et les avis.

Les décisions valent par elles-mêmes, sans que l'approbation de l'autorité supérieure soit nécessaire. Toutefois comme les Corps de Facultés sont, ainsi que les Facultés elles-mêmes, des établissements publics, qu'à ce titre ils sont placés sous l'autorité du Ministre responsable devant les Chambres, il importait de prévenir de leur part les excès de pouvoir ou les violations de lois ou règlements, auxquels une assemblée peut se laisser entraîner. Aussi le décret décide-t-il que « les délibérations par lesquelles le Conseil général statue définitivement sont mises à exécution si, dans le délai d'un mois, elles n'ont pas été annulées pour excès de pouvoir ou pour violation d'une disposition de loi ou de règlement, par un décret rendu sur la proposition du Ministre de l'Instruction publique, après avis de la section permanente du Conseil supérieur de l'Instruction publique ».

J'ai confiance que ces annulations seront l'exception, la très rare exception; mais il fallait les prévoir. D'ailleurs elles ne pourront être prononcées qu'après une procédure et dans une forme qui doivent donner toute sécurité aux Corps de Facultés.

Il vous appartiendra donc, Monsieur le Recteur, de me transmettre les décisions du Conseil général dans le plus bref délai possible et je compte à cet égard sur toute votre diligence. Si, dans le délai d'un mois à partir de leur date, elles n'ont pas été annulées, elles seront mises à exécution, sans autre formalité.

Les délibérations ne valent qu'en vertu de l'approbation du Ministre; mais lé Ministre ne peut substituer une décision différente à celle qu'il refuse d'approuver.

Vous aurez donc à me transmettre toutes les délibérations du Conseil général. Elles ne devront être mises à exécution qu'après avoir reçu mon approbation.

Les avis, comme le nom l'indique, ne sont pas des décisions à proprement parler. Ils font connaître le sentiment du Conseil général sur tel objet déterminé, mais ils laissent à l'autorité supérieure toute liberté de statuer.

Ces distinctions établies, j'arrive aux diverses attributions du Conseil général.

Tout d'abord, le Conseil général statue définitivement sur l'administration des biens du Corps des Facultés. Toutefois, les baux d'une durée de plus de dix-huit ans, ayant presque le caractère d'actes de disposition, il a paru convenable d'en faire, comme des acquisitions, aliénations et échanges, l'objet de délibérations soumises à l'approbation ministérielle.

Le Conseil général représente l'unité des diverses Facultés ou Écoles. Il doit, par suite, respecter l'individualité de chacune d'elles, et en même temps, mettre en commun tout ce qui de chacune d'elles peut contribuer à la vie commune. De là la disposition des paragraphes 3 et 4 de l'article 5. Chaque Faculté ou École délibère sur l'organisation de son propre enseignement; mais c'est le Conseil général qui dresse ensuite et d'une façon définitive le tableau collectif des cours, conférences et exercices pratiques, destinés à en établir et à en faire ressortir la coordination, sans autre obligation que d'y comprendre les divers enseignements exigés pour l'obtention des grades prévus par les lois et règlements [1]. C'est encore lui qui organise par décision définitive les cours, conférences et exercices pratiques communs à plusieurs Facultés, après avis des Facultés intéressées. Vous remarquerez que si dans le premier cas la décision du Conseil général doit être précédée de la délibération des Facultés intéressées, dans le second, leur avis seulement est nécessaire.

J'attache une grande importance à cette disposition qui permet au Conseil général d'organiser des cours, conférences et exercices pratiques communs à

---

[1] Vous pourrez publier le tableau arrêté par le Conseil général, sans attendre l'expiration du délai d'un mois, mais seulement dans le cas où il ne vous paraîtrait contenir aucun excès de pouvoir, aucune violation des lois et règlements.

plusieurs Facultés. Déjà, sous l'empire du décret de 1885, quelques groupes de Facultés avaient pris les devants. J'espère que les nouveaux Corps sauront voir tout ce que peut contenir de progrès, de solidarité scientifique, de bon aménagement des études, le droit qui leur est confié.

La réglementation des cours libres est encore un des objets sur lequel le Conseil général statue définitivement. C'était déjà l'état de choses créé par le décret de 1885. Je n'ai rien voulu y changer. Il m'a semblé que sur ce point il fallait laisser toute liberté aux Conseils. Jusqu'ici, ils ont fait preuve, en cette matière, d'un libéralisme assez éclairé pour qu'il ne me parût pas utile de réserver au Ministre un droit d'intervention. La chose ne deviendrait nécessaire que le jour où, changeant de pratiques, ces Conseils feraient des cours libres une réglementation étroite et prohibitive, inspirée par d'autres considérations que celles des intérêts de la science.

Enfin un dernier objet laissé à la décision du Conseil général est la création d'enseignements rétribués exclusivement sur les fonds du Corps des Facultés. Il allait de soi qu'ils fussent créés par le Conseil général. Lui seul a qualité pour décider que des fonds sans affectation, appartenant au Corps qu'il représente, seront consacrés à un enseignement nouveau et à quel enseignement. Mais vous remarquerez qu'il ne peut s'agir que de cours et de conférences. Aux termes de la loi une chaire ne peut être créée que par décret, après avis de la section permanente du Conseil supérieur de l'Instruction publique. Dans ce cas, le Conseil général n'aurait pas droit de décision, mais seulement de proposition.

L'article est muet sur la désignation des personnes auxquelles seront confiés les enseignements ainsi créés sur les fonds du Corps des Facultés. Elles seront désignées en les formes ordinaires, par décret, s'il s'agit de professeurs titulaires, par arrêté ministériel, s'il s'agit de chargés de cours et de maîtres de conférences.

Les délibérations soumises à l'approbation du Ministre (art. 7) sont relatives à divers actes de la vie civile du Corps des Facultés :

1° Aux actes de disposition des biens meubles et immeubles, acquisitions, aliénations, échanges, baux d'une durée de plus de dix-huit ans, etc.

2° A l'acceptation des dons et legs. L'acte d'acceptation doit être signé par le président; mais, avant tout, le Conseil général se prononce sur la question de savoir s'il y a lieu d'accepter. Conformément au droit commun, les autorisations d'accepter sont données par décret rendu après avis du Conseil d'État.

Il ne s'agit ici que des dons et legs faits aux Corps des Facultés. Chaque Faculté, chaque École conserve sa personnalité civile distincte et continue de pouvoir recevoir. Le mode d'acceptation des dons et legs faits à une Faculté ou à une École déterminée reste régi par les décrets du 25 juillet et du 28 décembre 1885.

3° Aux offres de subventions faites par les départements, les communes, les établissements publics, les établissements d'utilité publique et les particuliers.

En ce qui concerne ces subventions, vous remarquerez combien large est la formule. Aucune restriction n'est mise à la provenance; les Corps de Facultés peuvent recevoir des départements, des communes, des établissements publics, comme les chambres de commerce et les établissements hospitaliers, des établissements reconnus d'utilité publique, comme certains syndicats professionnels et certaines associations, et enfin des particuliers individuellement et collectivement. — Il n'en est pas mis davantage à l'objet de ces subventions. Une subvention peut s'appliquer à tout ce qui rentre dans la compétence du Conseil général : enseignements, laboratoires, collections, bibliothèques, publications, missions et travaux scientifiques, dépenses de personnel et dépenses de matériel, bourses d'études, encouragements aux étudiants et aux associations d'étudiants, etc. Il n'est donc pas nécessaire qu'elle vise un des services communs dont il sera question plus loin. La vie du Corps, au sens plein de ce mot, n'est pas limitée à ces services; elle s'étend à tout ce qui de près ou de loin intéresse l'action et le progrès des Facultés.

Enfin, les délibérations du Conseil général portent :

4° Sur les actions en justice;

5° Sur les emprunts.

Les avis du Conseil général ont quatre objets distincts et bien déterminés :

D'abord, le budget et le compte du Corps des Facultés. — En vous transmettant le règlement d'administration publique du 10 août, relatif au régime financier et à la comptabilité des Corps de Facultés, j'y joindrai les instructions nécessaires.

Puis les budgets et comptes des Facultés. — Des règles nouvelles viennent d'être établies pour la comptabilité des Facultés. Vous les recevrez prochainement avec des instructions spéciales.

En troisième lieu, les créations, transformations et suppressions de chaires rétribuées sur les fonds de l'État, après avis préalable de la Faculté ou École intéressée. C'est le maintien de l'état de choses créé par le décret de 1885.

Enfin le règlement relatif aux services communs à plusieurs Facultés.

Les services communs sont à la fois une raison d'être et une conséquence de l'union des Facultés en un même corps. En les reconnaissant, le décret du 28 décembre les avait énumérés : c'étaient la bibliothèque universitaire, les collections, l'éclairage, le chauffage, l'entretien des bâtiments et les frais matériels des examens. A l'usage, cette énumération a paru tantôt trop large, tantôt trop étroite. S'il ne peut s'élever de doute sur la bibliothèque universitaire, il en est autrement, suivant les lieux, de l'éclairage, du chauffage et de l'entretien des bâtiments. Les diverses Facultés d'un même groupe sont loin d'être abritées partout sous le même toit. D'autre part, n'y a-t-il pas, ne peut-il pas y avoir d'autres services communs que ceux du décret de 1885, par exemple des enseignements divers, des laboratoires, des publications ? Enfin pour qu'un service soit commun, est-il nécessaire que toutes les Facultés y aient part, et ne suffit-il pas qu'il soit commun à deux ou à trois Facultés, par exemple aux sciences et à la médecine, au droit et aux lettres, ou au droit et à la médecine ? Ces questions que n'avait pas résolues le décret de 1885 se posaient nécessairement le jour où, le Corps des Facultés constitué, un budget devait être préparé pour ce Corps.

Le décret du 9 août n'a pas énuméré d'une façon limitative les services communs ; en effet, ils ne peuvent pas l'être. A l'exception de la bibliothèque universitaire qui, partout, est, au premier chef, un service général, les services communs varient et doivent varier suivant les lieux, suivant les circonstances. Deux Facultés sont logées sous le même toit. Il est naturel et avantageux qu'elles se chauffent en commun. — Quatre Facultés ont chacune un édifice à part, mais ces quatre édifices sont assez rapprochés pour qu'on puisse y distribuer d'une même source l'éclairage électrique ; ce sera un service commun. — Deux ou trois Facultés entreprennent ensemble une publication ; elles organisent un même institut de chimie, de botanique ou de physique : ce seront là encore des services communs, et ainsi du reste. Il a paru préférable de ne pas fixer d'une manière uniforme les services communs de tous les Corps, à l'excep-

tion de la bibliothèque universitaire; de ne pas les fixer davantage pour chaque Corps ; mais de laisser au Ministre le soin de les déterminer suivant les lieux et les circonstances, après avis du Conseil général. Nous aurons ainsi plus de variété et de souplesse ; partant, nous serons davantage dans les vraies conditions de la vie.

J'ai confiance que les Conseils généraux sauront discerner avec netteté et déclarer sans faiblesse ceux des services qui doivent être placés au nombre des services communs. Ce qui leur est confié, c'est l'intérêt collectif; ils en seront les gardiens vigilants; ce dont ils sont les organes, c'est la vie commune : ils s'efforceront de la maintenir et de la développer.

Suivant la procédure établie par le décret du 28 décembre 1885, la somme mise par le Ministre à la disposition des Facultés d'un même groupe pour les services communs était répartie entre les budgets de ces diverses Facultés, après avis du Conseil général. Avec un budget propre au Corps des Facultés et avec la définition nouvelle et l'extension des services communs, cette procédure ne pouvait subsister. Mais comme elle a donné d'excellents résultats en permettant d'établir d'utiles comparaisons entre les crédits affectés aux mêmes objets dans les diverses Facultés, je me réserve de demander leur avis aux Conseils généraux sur la répartition de certains crédits à inscrire aux budgets des Facultés d'un même Corps.

L'article 10 relatif au droit de vœu est la reproduction du texte de 1885.

L'article 11 est nouveau. Il dispose que les maires des villes et les présidents des Conseils généraux des départements, les présidents des associations formées dans le dessein de favoriser le développement de l'enseignement supérieur, lorsque départements, villes et associations allouent des subventions au Corps des Facultés, ont séance au Conseil général pour l'examen du rapport annuel sur l'état de l'enseignement. Vous remarquerez, Monsieur le Recteur, qu'il s'agit ici d'un droit pour les intéressés. Vous aurez donc à convoquer les personnes énoncées dans les conditions et pour la séance déterminées par l'article 11.

Depuis le décret de 1885, certains départements, certaines villes, certaines associations ont donné trop de preuves de leur libéralité aux Facultés pour que nous ne soyons pas autorisés à en attendre semblables témoignages en faveur des Corps de Facultés. Il est légitime que leurs représentants aient, au moins en une circonstance, entrée au Conseil général. Il a semblé que la meilleure circonstance était l'examen du rapport annuel que doit m'adresser ce Conseil. Ils auront ainsi l'occasion de voir quel usage le corps universitaire a fait de leurs largesses et ce qui lui manque encore. Mais j'attends de la part qu'ils prendront aux discussions du rapport d'autres effets et de meilleurs encore. Une tendance souvent constatée dans les corps est de s'isoler. La présence et l'intervention de représentants des pouvoirs locaux et de personnes étrangères à l'enseignement, mais soucieuses du bien des études, seraient pour le corps universitaire, s'il devenait nécessaire, un rappel des réalités ambiantes ; parfois même un signe indicateur de certains besoins auxquels l'enseignement supérieur doit satisfaire.

L'article 12 reproduit textuellement les dispositions du décret de 1885 relatives à la discipline.

Les articles 13, 14 et 15 ne contiennent de même aucune disposition nouvelle.

Pour tous ces articles, je me réfère purement et simplement à la circulaire de mon prédécesseur en date du 31 décembre 1885.

Recevez, Monsieur le Recteur, l'assurance de ma considération très distinguée.

Le Ministre de l'Instruction publique,
des Beaux-Arts et des Cultes,

R. POINCARÉ.

DÉCRET

portant modification du Titre Ier du décret du 28 décembre 1885.

Le Président de la République française,

Vu l'article 71 de la loi du 28 avril 1893 ;

Vu la loi du 27 février 1880 ;

Vu le décret du 28 décembre 1885 ;

Le Conseil supérieur de l'Instruction publique entendu,

Décrète :

ARTICLE PREMIER.

Les dispositions du titre Ier du décret du 28 décembre 1885 sont remplacées par les articles suivants :

TITRE Ier.

Du Conseil général des Facultés.

Art. 1er. Le Conseil général des Facultés comprend :

1° Le recteur, président, les doyens des Facultés, le directeur de l'École supérieure de pharmacie, deux délégués de chaque Faculté ou École élus pour trois ans, par l'assemblée de la Faculté ou École, parmi les professeurs titulaires ;

2° Le directeur et un délégué, élu comme ci-dessus, de l'École de plein exercice ou préparatoire de médecine et de pharmacie du département où siège l'Académie.

Les membres désignés au paragraphe qui précède n'ont séance que dans les affaires d'ordre scientifique, scolaire ou disciplinaire.

Art. 2. L'élection des délégués a lieu au scrutin secret, à la majorité absolue des suffrages exprimés. Si les deux premiers tours de scrutin ne donnent pas de résultats, la majorité relative suffit au troisième.

En cas de partage des voix, est élu au troisième tour le professeur le plus ancien dans la Faculté ou École.

Toute contestation relative aux élections est portée devant le Conseil, qui en juge sans appel.

Art. 3. Le Conseil se réunit sur la convocation du président.

Le président est tenu de le convoquer, sur la demande écrite du tiers des membres. La demande doit énoncer l'objet de la réunion.

Le Conseil élit chaque année un vice-président parmi ses membres; il nomme un secrétaire; il fait son règlement intérieur.

Le vice-président supplée le président en cas d'absence ou d'empêchement.

Art. 4. Le recteur est chargé, sous l'autorité du Ministre, d'instruire les affaires qui intéressent le Corps des Facultés, et d'assurer l'exécution des décisions du Conseil général.

A ce titre, il représente le Corps des Facultés en justice et dans les actes de la vie civile.

Sous son autorité, les doyens ou directeurs sont chargés, chacun en ce qui concerne sa Faculté ou École, de l'exécution desdites décisions.

Art. 5. Le Conseil général statue définitivement sur les objets suivants :

1° Administration des biens du Corps des Facultés;

2° Établissement, après délibération de chaque Faculté ou École, du tableau général des cours, conférences et exercices pratiques, lesquels doivent comprendre les divers enseignements exigés pour l'obtention des grades prévus par les lois et règlements;

3° Organisation des cours, conférences et exercices pratiques communs à plusieurs Facultés, après avis des Facultés intéressées;

4° Réglementation des cours libres;

5° Création des enseignements rétribués exclusivement sur les fonds du Corps des Facultés.

Art. 6. Les délibérations par lesquelles le Conseil général statue définitivement sont mises à exécution si, dans le délai d'un mois, elles n'ont pas été annulées pour excès de pouvoir ou pour violation d'une disposition de loi ou de règlement, par un décret rendu sur la proposition du Ministre de l'Instruction publique, après avis de la section permanente du Conseil supérieur de l'Instruction publique.

Art. 7. Le Conseil général délibère :

1.° Sur les acquisitions, aliénations et échanges, sur les conditions des baux d'une durée de plus de dix-huit ans et sur tous autres actes relatifs aux biens meubles et immeubles appartenant au Corps des Facultés qui n'ont pas le caractère de simples actes d'administration ;

2° Sur l'acceptation des dons et legs ;

3° Sur les offres de subventions faites par les départements, les communes, les établissements publics, les établissements d'utilité publique et les particuliers ;

4° Sur les actions en justice ;

5° Sur les emprunts.

Art. 8. Les délibérations prises par le Conseil général en vertu du précédent article ne sont mises à exécution qu'après approbation du Ministre.

Art. 9. Le Conseil général donne son avis :

1° Sur les budgets et comptes du Corps des Facultés ;

2° Sur les budgets et comptes des Facultés, conformément aux dispositions qui seront déterminées par les règlements d'administration publique sur le régime financier et la comptabilité des Facultés et des Corps de Facultés ;

3° Sur les créations, transformations ou suppressions des chaires rétribuées sur les fonds de l'État, après avis préalable de la Faculté ou École intéressée ;

4° Sur les règlements relatifs aux services communs à plusieurs Facultés.

Les services communs comprennent, outre la bibliothèque universitaire, les services qui, pour chaque Corps de Facultés, auront été déclarés tels par un arrêté ministériel après avis du Conseil général.

Art. 10. Tout membre du Conseil a le droit d'émettre des vœux sur les questions relatives à l'enseignement supérieur. Les vœux sont remis en séance par écrit, au président, il en est donné lecture et, dans la séance suivante, le Conseil décide s'il y a lieu de les prendre en considération.

Art. 11. Les maires des villes et les présidents des Conseils généraux des départements, les présidents des associations formées dans le dessein de favoriser le développement de l'enseignement supérieur public, qui allouent des subventions au Corps des Facultés ont séance au Conseil général des Facultés, pour l'examen du rapport annuel sur l'état de l'enseignement.

A Paris, le Préfet de la Seine et un délégué du Conseil municipal exercent le même droit.

Art. 12. Le Conseil exerce, en ce qui concerne les étudiants des Facultés et Écoles d'enseignement supérieur de l'État, les attributions disciplinaires conférées aux Facultés par les décrets des 30 juillet 1883 et 28 juillet 1885.

Les dispositions du décret du 30 juillet 1883 relatives aux pénalités et à la procédure dans les affaires justiciables des Facultés deviennent applicables au Conseil général.

Toutefois le recteur est substitué au doyen ou directeur quant à l'exercice de l'action disciplinaire et à l'information.

Il saisit le Conseil ; il peut déléguer un de ses membres pour procéder à l'information.

Art. 13. Toutes les dispositions des décrets des 30 juillet 1883 et 28 juillet 1885 demeurent applicables aux établissements qui ne sont pas représentés au Conseil général.

Art. 14. Le Conseil général adresse chaque année au Ministre un rapport sur la situation des établissements d'enseignement supérieur et les améliorations qui peuvent y être introduites.

Art. 15. Le Conseil général prend place en tête du corps académique dans les cérémonies publiques. Le vice-président prend la droite du recteur.

ART. 2.

Le Ministre de l'Instruction publique, des Beaux-Arts et des Cultes est chargé de l'exécution du présent décret, qui sera inséré au *Bulletin des lois* et publié au *Journal officiel*.

Fait à Fontainebleau, le 9 août 1893.

CARNOT.

Par le Président de la République :

Le Ministre de l'Instruction publique,
des Beaux-Arts et des Cultes,

R. POINCARÉ.

Décrets du 10 août 1893 sur le régime financier et la comptabilité des Facultés et des Corps de Facultés [1].

CIRCULAIRE AUX RECTEURS.

Paris, le 22 novembre 1893.

Monsieur le Recteur, j'ai l'honneur de vous adresser deux décrets en date du 10 août 1893, portant règlement d'administration publique: le premier pour le régime financier et la comptabilité des Facultés et Écoles assimilées; le second pour le régime financier et la comptabilité des Corps de Facultés.

De ces décrets, le premier a été rendu en exécution de l'article 51 de la loi du 17 juillet 1889, et il remplace le règlement d'administration publique du 22 février 1890; le second en exécution de l'article 71 de la loi du 28 avril dernier, qui a institué les Corps de Facultés et décidé que chacun de ces Corps serait « soumis, en ce qui concerne ses recettes, ses dépenses et sa comptabilité, aux prescriptions qui seront déterminées par un règlement d'administration publique ».

Il a paru qu'il y avait intérêt à refondre le décret du 22 février 1890 et à le faire cadrer avec les dispositions adoptées pour le régime financier et la comptabilité des Corps de Facultés.

Ces deux documents contenant un grand nombre de dispositions communes, j'ai pensé qu'il convenait de réunir en une même circulaire les instructions nécessaires à l'exécution de chacun d'eux. Ce rapprochement permettra en même temps de mettre plus en relief les différences que présentent le régime financier des Facultés considérées individuellement, et celui des Corps de Facultés.

[1] Voir pages 41 et 49.

DES RECETTES ET DES DÉPENSES.

DU BUDGET.

L'article 1er de chacun des deux décrets dispose que le budget d'une Faculté et d'un Corps de Facultés est divisé en budget ordinaire et en budget extraordinaire. La distinction est absolue. Elle constitue, chacun en son particulier, le budget ordinaire et le budget extraordinaire, sans qu'aucun virement puisse être autorisé de l'un à l'autre.

Le décret du 22 février 1890 relatif à la comptabilité des Facultés prévoyait bien des recettes et des dépenses extraordinaires, mais il n'en faisait pas un budget à part, et des dépenses temporaires et accidentelles pouvaient être imputées sur les recettes extraordinaires. Désormais il n'en pourra plus être ainsi : aucune dépense ordinaire ne pourra être payée à l'aide de recettes extraordinaires ; celles-ci auront leur emploi spécial.

DU BUDGET ORDINAIRE.

FACULTÉS.

Recettes. — *La nomenclature en est sensiblement la même que celle de 1890. Elle comprend :*

1° Les revenus des biens meubles et immeubles, ainsi que les intérêts des fonds placés au Trésor ;

2° Le produit des publications spéciales à chaque Faculté ou École ;

3° Le produit des opérations qui peuvent être autorisées par le Ministre de l'Instruction publique pour le compte de particuliers, dans des laboratoires spéciaux à chaque Faculté ou École, et dont la dépense doit être remboursée conformément aux conditions déterminées par le Conseil de la Faculté ou de l'établissement assimilé ;

4° Les subventions de l'État ;

5° Les subventions des départements, des communes, des établissements publics, des établissements d'utilité publique et des particuliers ;

6° Toutes les autres ressources ayant le caractère de revenus.

Par ces ressources il faut entendre non pas les recettes exceptionnelles qui figureront désormais au budget extraordinaire, mais toute recette de nature à se renouveler aux exercices suivants et non prévue aux articles précédents.

Vous remarquerez que les restes disponibles des exercices antérieurs ont disparu des recettes ordinaires. Ils feront l'objet d'un budget additionnel.

Pour les articles 1 à 5, je n'ai qu'à me référer aux instructions de mon prédécesseur, en date du 22 février 1890.

Dépenses. — *Ces dépenses comportent dix-sept articles, comme dans le précédent règlement. Les dépenses restant à payer sur l'exercice précédent disparaissent du budget ordinaire pour devenir l'objet d'un chapitre additionnel. Ces dix-sept articles sont afférents aux objets suivants :*

1° Les impositions établies par les lois ;

2° Les dépenses du personnel imputables sur le revenu des dons et legs ou sur les subventions prévues au paragraphe 5 de l'article précédent ;

3° Les bourses payées à l'aide des mêmes ressources ;

4° L'entretien des bâtiments ;

5° L'entretien du mobilier ;

6° L'éclairage et le chauffage ;

7° Les impressions et frais de bureau ;

8° Les frais matériels des examens ;

9° L'entretien et l'accroissement des collections ;

10° Les frais de cours et de laboratoire ;

11° Les frais de travaux pratiques des étudiants ;

12° Les frais des publications ;

13° Les frais des opérations autorisées dans les laboratoires pour le compte de particuliers ;

14° Les acquisitions et allocations pour prix et médailles ;

15° La rétribution de l'agent comptable ;

16° L'acquittement des dettes exigibles ;

17° Toutes autres dépenses imputables sur les revenus annuels.

CORPS DE FACULTÉS.

Même nomenclature pour les recettes ordinaires du budget d'un Corps de Facultés, avec une addition qui sera expliquée plus loin. Même nomenclature pour les dépenses ordinaires, avec addition des dépenses de la bibliothèque universitaire (*Matériel*).

. *Au premier abord cette similitude peut paraître surprenante. Mais si vous voulez bien vous reporter à la partie de ma circulaire du 20 novembre courant relative aux services communs d'un Corps de Facultés, vous verrez qu'il n'est aucun des services spéciaux d'une Faculté déterminée qui ne puisse, selon les lieux et les circonstances, devenir partie intégrante d'un service commun à deux ou à plusieurs Facultés. Il importait donc de le prévoir dans le budget du Corps.*

La vie d'un Corps de Facultés n'est pas limitée aux services communs dont il est chargé : scolairement, scientifiquement, elle s'étend aussi loin que la vie même de chacune des Facultés composantes. Mais budgétairement, elle a pour objet propre l'exécution des services communs. Ses recettes comprennent donc toutes les ressources affectées à ces services, et ses dépenses, toutes les dépenses résultant de l'exécution des mêmes services. Là est la règle générale. Cette règle peut cependant souffrir des exceptions. Si par exemple libéralité est faite à un Corps de Facultés, à charge pour le Conseil général de subventionner un enseignement, un laboratoire ou tout autre service d'une Faculté déterminée, l'acceptation en sera parfaitement légitime; la recette sera inscrite à l'article 7 et la dépense à l'article 18.

Inversement, deux ou plusieurs Facultés peuvent, sur leurs ressources propres, contribuer à tels ou tels des services communs, dont l'exécution concerne le Corps des Facultés. Leur subvention a été prévue à l'article 4 des recettes sous cette rubrique: allocations consenties par des Facultés pour contribuer à des dépenses communes. *Dans ce cas la dépense serait inscrite à l'article 17 des dépenses ordinaires de chacune des Facultés.*

Recettes. — *Ceci dit, les recettes ordinaires d'un Corps de Facultés se composent:*

1° Des revenus des biens meubles et immeubles, ainsi que des intérêts des fonds placés au Trésor;

2° Du produit des publications communes à plusieurs Facultés;

3° Du produit des opérations qui peuvent être autorisées par le Ministre de l'Instruction publique, pour le compte de particuliers, dans des laboratoires communs à plusieurs Facultés et dont la dépense doit être remboursée conformément aux conditions déterminées par le Conseil général des Facultés ;

4° Des allocations consenties par des Facultés pour contribuer à des dépenses communes ;

5° Des subventions de l'État ;

6° Des subventions des départements, des communes, des établissements publics, des établissements d'utilité publique et des particuliers ;

7° De toutes les autres ressources ayant le caractère de revenus.

Dépenses. — En principe, les dépenses ordinaires sont afférentes, sauf les exceptions ci-dessus indiquées, aux services communs à plusieurs Facultés.

Elles comprennent :

1° Les impositions établies par la loi, et relatives aux biens appartenant au Corps des Facultés ;

2° Les dépenses du personnel imputables sur le revenu des dons et legs et sur les subventions prévues à l'article 6 des recettes ;

3° Les bourses payées à l'aide des mêmes ressources, et attribuées par le Conseil général, quelle que soit la Faculté à laquelle appartiennent les étudiants bénéficiaires ;

4° Les dépenses du matériel de la bibliothèque universitaire, précédemment rattachées au budget de telle ou telle Faculté déterminée annuellement ;

5° L'entretien des bâtiments communs à plusieurs Facultés, et des locaux affectés à des services communs, par exemple à la bibliothèque si elle occupe un édifice spécial, à un institut, à un laboratoire, à un musée, etc.

6° L'entretien du mobilier ou des parties de mobilier commun à plusieurs Facultés ;

7° L'éclairage et le chauffage des édifices et des services communs à plusieurs Facultés ;

8° Les impressions et frais de bureau nécessaires au Conseil général et aux services communs ;

9° Les frais matériels des examens mis en commun ;

10° L'entretien et l'accroissement des collections communes à plusieurs établissements ;

11° Les frais de cours et de laboratoires déclarés communs à plusieurs Facultés;

12° Les frais de travaux pratiques des étudiants dans les laboratoires déclarés communs à plusieurs Facultés;

13° Les frais des publications communes à plusieurs Facultés;

14° Les frais des opérations autorisées pour le compte des particuliers dans des laboratoires déclarés communs;

15° Les acquisitions et allocations pour prix et médailles imputables sur les fonds du Corps des Facultés;

16° La rétribution de l'agent comptable du Corps;

17° L'acquittement des dettes exigibles;

18° Toutes autres dépenses imputables sur les revenus annuels.

Vous remarquerez, Monsieur le Recteur, qu'un seul service, la bibliothèque universitaire, est déclaré d'avance, et pour tous les Corps, service commun. Les autres le seront, suivant les lieux et les circonstances, par arrêtés ministériels, rendus après avis du Conseil général des Facultés.

DU BUDGET EXTRAORDINAIRE.

FACULTÉS ET CORPS DE FACULTÉS.

Dans les deux cas, ce budget comprend la recette et l'emploi des capitaux provenant de dons et de legs, d'emprunts, d'aliénations, de coupes extraordinaires de bois et de toutes autres ressources exceptionnelles.

La seule différence réside dans l'affectation et l'emploi des ressources. Pour les Facultés, elles sont applicables aux services propres d'une Faculté déterminée, pour les Corps de Facultés, à des services intéressant au moins deux Facultés; toujours à l'exception de celles qui seraient mises à la disposition du Corps des Facultés, à charge pour le Conseil général d'en faire tel ou tel emploi au profit d'une Faculté déterminée.

DE LA PRÉPARATION DU BUDGET.

FACULTÉS ET CORPS DE FACULTÉS.

Le budget de chaque Faculté ou École (modèle n° 1)[*] *est préparé par le doyen ou directeur.*

Celui d'un Corps de Facultés (modèle n° 1 bis) *est préparé par le recteur, président du Conseil général; y sont joints les budgets particuliers dont il sera question plus loin.*

Le projet doit énoncer les recettes et les dépenses de l'exercice précédent.

DES BUDGETS PARTICULIERS.

CORPS DES FACULTÉS.

Par budget particulier, on doit entendre le détail des crédits ouverts à un service commun pour les diverses parties de ce service. Tel est, par exemple, celui de la bibliothèque universitaire. Le crédit affecté à ce service sera inscrit à l'article 4 des dépenses ordinaires. La répartition continuera d'en être dressée dans un cadre spécial (modèle n° 1 ter).

Il y aura lieu d'établir de ces budgets particuliers pour chacun des autres services communs formant un tout, par exemple, pour un institut, pour un laboratoire, pour un musée commun à plusieurs Facultés (modèle n° 1 quater). *Si ces services pouvaient être les mêmes dans tous les Corps, on les eût inscrits nommément, comme on a fait de la bibliothèque universitaire, à divers articles des dépenses ordinaires, mais comme d'un Corps à l'autre ils peuvent varier en nombre et en nature, il a semblé préférable de distribuer les dépenses par espèces, laissant au Conseil général, après détermination des services communs, le soin de grouper en autant de budgets particuliers qu'il sera nécessaire parties de chacune de ces espèces : éclairage, chauffage, frais de cours, de laboratoire, de travaux pratiques, etc.*

Chaque budget particulier sera, comme il est dit plus haut, soumis au Conseil général, à l'appui du budget général. Le soin de le préparer incombera au fonctionnaire préposé à l'exécution de chaque service commun.

---

[*] Modèles : Facultés et Écoles, v. p. 151, *série de 1 à 29 ;* Corps de Facultés, v. p. 237, *série de 1 bis à 29 bis.*

DU VOTE ET DE L'APPROBATION DU BUDGET.

FACULTÉS ET CORPS DE FACULTÉS.

Le budget de chaque Faculté ou établissement assimilé est voté par le Conseil de l'établissement; il est soumis ensuite au Conseil général.

Le budget du Corps des Facultés est voté par le Conseil général.

L'un et l'autre sont approuvés par le Ministre.

Le vote de chaque budget doit être intervenu, au plus tard, avant la fin de novembre. Tout budget doit être transmis au Ministre avant le 1ᵉʳ décembre.

OUVERTURE DES CRÉDITS.

Les budgets des Facultés et des Corps de Facultés sont arrêtés par le Ministre.

Par suite, aucune dépense ne peut être exécutée en dehors des crédits ouverts. Si au cours de l'exercice des virements d'article à article sont jugés nécessaires, il en est référé au Ministre, qui statue.

De même aucun crédit supplémentaire ou extraordinaire ne peut être ouvert que par une décision du Ministre. Je vous prie de remarquer et de faire remarquer à MM. les doyens que cette prescription n'est pas limitée aux crédits ouverts sur les fonds provenant de la subvention de l'État, mais qu'elle s'étend aux ressources de toute nature. Ainsi, une fois le budget arrêté, si une libéralité est faite à une Faculté ou au Corps des Facultés, une décision ministérielle doit rattacher la recette et la dépense à tel ou tel article du budget.

BUDGET ADDITIONNEL.

FACULTÉS ET CORPS DE FACULTÉS.

Il est établi chaque année, au mois d'avril, dans les mêmes formes que le budget ordinaire.

Il comprend les sommes à reporter en recettes et en dépenses à l'exercice courant (modèles nᵒˢ 2 et 2 bis).

ORDONNANCEMENT, RECOUVREMENT ET PAYEMENT.

DE L'EXERCICE.

FACULTÉS ET CORPS DE FACULTÉS.

L'exercice commence le 1er janvier et expire le 31 décembre.

Toutefois, la période d'exécution des services d'un budget embrasse, outre l'année même à laquelle il s'applique, des délais complémentaires accordés sur l'année suivante, pour achever les opérations relatives au recouvrement des produits, à la constatation des droits acquis, à la liquidation, à l'ordonnancement et au payement des dépenses.

A l'expiration de ces délais, l'exercice est clos.

En ce qui concerne les budgets des Facultés et des Corps de Facultés, ces délais s'étendent :

1° Jusqu'au 1er mars de la seconde année pour la liquidation et l'ordonnancement des sommes dues aux créanciers;

2° Jusqu'au 30 mars de cette seconde année pour compléter les opérations relatives au recouvrement des produits et au payement des dépenses.

DE L'EXÉCUTION DES SERVICES.

FACULTÉS.

L'exécution des services reste confiée aux mêmes fonctionnaires que par le passé. Cependant, pour la faciliter dans un grand nombre de cas, des régisseurs pourront être désignés par le doyen. C'est un point sur lequel j'aurai à revenir à propos du payement des dépenses.

4.

CORPS DES FACULTÉS.

Pour le Corps des Facultés, il importe de déterminer nettement par qui seront exécutés, sous votre autorité, les services communs.

Le service général et administratif le sera par le secrétaire du Corps des Facultés.

Celui de la bibliothèque universitaire continuera de l'être par le bibliothé-caire universitaire.

Pour les autres services, l'arrêté qui les déclarera services communs dési-gnera le fonctionnaire, professeur, directeur, conservateur, etc., à qui l'exé-cution en sera confiée. En m'adressant les avis du Conseil général, vous vou-drez bien y joindre des propositions pour cette désignation.

ORDONNANCEMENT DES DÉPENSES.

FACULTÉS ET CORPS DE FACULTÉS.

Dans chaque Faculté ou École, le doyen ou le directeur est seul ordonnateur des dépenses. En cas d'absence ou d'empéchement, il est suppléé par l'assesseur.

L'ordonnateur des dépenses du Corps des Facultés est le président du Conseil général des Facultés, et, en cas d'absence ou d'empéchement, le vice-président.

Toutes les dépenses sont effectuées par l'agent comptable sur mandats délivrés par l'ordonnateur (modèles n°s 5 et 5 bis).

La signature du doyen ou directeur et, quand il y a lieu, celle de l'asses-seur, doivent être accréditées auprès de l'agent comptable par l'intermédiaire du recteur.

Celle du recteur est accréditée par le Ministre de l'Instruction publique; celle du vice-président du Conseil général, par le recteur.

Nul payement ne peut être ordonné en dehors des crédits prévus au budget ou ouverts dans le cours de l'exercice par décisions spéciales du Ministre.

Tout mandat fait connaître l'exercice, la décision ministérielle qui a ouvert le crédit (pour les crédits qui n'ont pas été l'objet d'une décision spéciale, la date de la décision ministérielle est la date même de l'approbation du budget par le Ministre) et l'article du budget auquel elle se rattache.

L'ordonnateur adresse à l'agent comptable, toutes les fois qu'il émet des mandats sur sa caisse, un bordereau d'émission de ces mandats (modèles nos 6 et 6 bis). A ce bordereau sont joints les pièces justificatives des dépenses et les mandats eux-mêmes, lesquels doivent être renvoyés sans délai revétus du visa de l'agent comptable.

Il ne peut être délivré de mandats que pour des services faits, pour des travaux exécutés, pour des fournitures livrées.

Mention est faite sur chaque mandat des pièces justificatives produites à l'appui de la dépense.

Les mémoires ou factures doivent être revêtus d'une déclaration, soit des secrétaires compétents, en ce qui concerne le service administratif ou général, soit des professeurs chargés des services auxquels se rapporte la dépense ou de l'un des fonctionnaires de ce service, déclaration constatant :

Pour les fournitures diverses et objets mobiliers, leur réception, et, s'il y a lieu, leur inscription sur les inventaires ou catalogues avec mention des numéros d'inscription;

Pour les travaux, leur exécution.

Nul ne peut se présenter pour un autre créancier s'il n'a été préalablement autorisé par procuration en bonne forme.

La procuration doit être jointe au mandat acquitté. L'agent comptable seul apprécie si elle est suffisante et régulière.

Quand un décompte a pour objet une somme qui était due à une personne décédée, et que le mandat est délivré au nom des héritiers, ces derniers doivent produire au comptable, chargé du payement, l'acte de décès et les titres d'hérédité pour justifier de leurs droits au payement.

Reversement de trop-payé sur mandat. — Les reversements de fonds provenant de restitution pour cause de trop-payé à des créanciers d'une Faculté ou d'un Corps de Facultés sont effectués d'office ou en vertu d'un ordre de reversement dressé dans la forme des modèles nos 8 et 8 bis. Ils sont suivis à la diligence de l'ordonnateur des dépenses.

Ces reversements ont lieu à la caisse de l'agent comptable.

Le débiteur est tenu de rapporter pour sa décharge une quittance à souche de la somme par lui versée, laquelle doit être remise à l'ordonnateur. La somme reversée doit être rattachée en recette et en dépense à l'article d'où elle émane.

Bordereaux des mandats délivrés. — Dans les dix premiers jours de chaque mois pour Paris et dans les dix premiers jours de chaque trimestre pour les départements, *il est transmis au Ministère de l'Instruction publique (Direction de l'Enseignement supérieur, 3ᵉ bureau) un bordereau des mandats délivrés par chaque ordonnateur des dépenses, recteur, doyen ou directeur, sur la caisse de l'agent comptable pendant le mois ou le trimestre précédent.*

Un duplicata sur papier libre des états, mémoires ou factures qui ont fait l'objet des mandats doit être joint au bordereau. Il est essentiel que le duplicata ainsi adressé au Ministère donne la reproduction exacte de l'état original, mémoire ou facture sur timbre remis à l'agent comptable, tant pour l'énumération et le détail des dépenses ou l'indication des prix, que pour les mentions d'inscription aux registres d'inventaires ou catalogues, les certificats d'exécution de travaux ou de réception des fournitures, le visa du recteur, doyen ou directeur.

Toutes les pièces justificatives jointes aux bordereaux doivent porter, inscrites en tête à l'encre rouge, la mention du numéro d'ordre du mandat auquel elles se rattachent et des chapitre et article du budget.

RECOUVREMENT DES RECETTES.

FACULTÉS ET CORPS DE FACULTÉS.

Au point de vue de la perception, toutes les recettes forment deux groupes : d'un côté, la subvention de l'État; de l'autre toutes les autres recettes, revenus, subventions, produits divers, etc.... La subvention de l'État est ordonnancée par le Ministre au nom de l'agent comptable et portée en recette au budget de la Faculté ou à celui du Corps des Facultés. Toutes les autres recettes sont recouvrées par l'agent comptable, au compte de la Faculté ou à celui du Corps des Facultés, en vertu de titres de perception délivrés par le doyen ou directeur quand il s'agit d'une Faculté ou École, par le président du Conseil général des Facultés quand il s'agit du Corps des Facultés. Un modèle de titre de perception est annexé aux présentes instructions (modèles n°ˢ 3 et 3 bis).

Ces titres de perception sont d'abord adressés par l'ordonnateur au trésorier-payeur général ou au receveur des finances de l'arrondissement (pour Paris, au receveur central de la Seine), qui les transmet ensuite à l'agent comptable. Ce mode de transmission, destiné à sauvegarder la responsabilité de l'ordonnateur, est obligatoire.

Recouvrement des loyers ou revenus et autres créances. — *Les arrérages des dons et legs, les loyers et revenus des propriétés immobilières et toutes autres créances sont recouvrés par l'agent comptable. A cet effet, l'ordonnateur doit lui délivrer une copie de l'état des dons et legs et autres propriétés, une copie des baux, ainsi que des privilèges d'hypothèques qui peuvent exister et, s'il y a des procédures entamées, faire connaître la situation où elles se trouvent, etc....*

L'agent comptable donne récépissé de ces expéditions. Il est tenu de faire toutes les diligences nécessaires pour la perception des revenus, legs ou donations et autres ressources affectées au service de la Faculté ou du Corps des Facultés; de faire faire contre les débiteurs en retard de payer, et à la requête de l'ordonnateur, les exploits, significations, poursuites et commandements nécessaires; d'avertir, selon les cas, le doyen ou le recteur de l'expiration des baux; d'empêcher les prescriptions, etc.

ADJUDICATIONS ET MARCHÉS.

Qu'il s'agisse d'une Faculté ou d'un Corps de Facultés, c'est l'ordonnateur qui passe les marchés et procède aux adjudications, dans les formes et dans les conditions prescrites par le décret du 18 novembre 1882.

Je ne saurais mieux faire que de reproduire ici, en les complétant sur certains points, les instructions de mon prédécesseur, en date du 22 février 1890.

Adjudications. — *Aux termes du décret du 18 novembre 1882, les adjudications de travaux ou fournitures doivent être faites avec concurrence et publicité.*

L'avis des adjudications est publié, sauf les cas d'urgence, au moins vingt jours à l'avance, par voie d'affiches et par tous les moyens ordinaires de publicité.

Cet avis fait connaître : 1° le lieu où l'on peut prendre connaissance du cahier des charges; 2° les autorités chargées de procéder à l'adjudication; 3° le jour et l'heure fixés pour l'adjudication.

Il est procédé à l'adjudication en séance publique.

Le bureau doit être ainsi composé :

Pour une Faculté ou École, le doyen ou le directeur, ou, à défaut, l'assesseur, président, assisté de deux professeurs;

Pour un Corps de Facultés, le recteur, ou, à défaut, le vice-président du Conseil général et deux membres de ce Conseil.

Les adjudications publiques relatives à des fournitures, travaux ou fabrications qui ne sauraient être, sans inconvénient, livrés à une concurrence illimitée, peuvent être soumises à des restrictions permettant de n'admettre que les soumissions qui émanent de personnes reconnues capables par l'Administration, au vu des titres exigés par le cahier des charges et préalablement à l'ouverture des plis renfermant les soumissions.

Les cahiers des charges doivent déterminer, outre les conditions d'exécution des travaux, l'importance des garanties pécuniaires à produire :

Par les soumissionnaires, à titre de cautionnements provisoires, pour être admis aux adjudications;

Par les adjudicataires, à titre de cautionnements définitifs, pour répondre de leurs engagements.

Les cahiers des charges peuvent, s'il y a lieu, dispenser de l'obligation de déposer un cautionnement provisoire ou définitif. Ils peuvent disposer que le cautionnement réalisé avant l'adjudication à titre provisoire servira de cautionnement définitif.

Les cautionnements sont reçus par la Caisse des dépôts et consignations (à Paris) ou par ses préposés (dans les départements).

Les soumissions relatives aux adjudications sont placées sous enveloppes cachetées et remises en séance publique.

Toutefois, les cahiers des charges peuvent autoriser ou prescrire l'envoi des soumissions par lettres recommandées ou leur dépôt dans une boîte à ce destinée; ils fixent le délai pour cet envoi ou ce dépôt.

Lorsqu'un maximum de prix ou un minimum de rabais a été arrêté d'avance par le recteur, doyen ou directeur, le montant de ce maximum ou de ce minimum est indiqué dans un pli cacheté, déposé sur le bureau à l'ouverture de la séance.

Les plis renfermant les soumissions sont ouverts en présence du public; il en est donné lecture à haute voix.

Dans le cas où plusieurs soumissionnaires offriraient le même prix et où ce prix serait le plus bas de ceux portés dans les soumissions, il est procédé à une réadjudication, soit sur de nouvelles soumissions, soit à l'extinction des feux, entre ces soumissionnaires seulement.

Si les soumissionnaires se refusaient à faire de nouvelles offres ou si les prix demandés ne différaient pas encore, le sort en déciderait.

Les résultats de chaque adjudication sont constatés par un procès-verbal relatif à toutes les circonstances de l'adjudication.

Les adjudications des Facultés ou Écoles sont subordonnées à l'approbation du recteur; celles des Corps de Facultés, à l'approbation du Ministre. Elles ne sont valables et définitives qu'après cette approbation [*].

Marchés. — *Il peut être passé des marchés de gré à gré :*

1° Pour les fournitures, transports et travaux dont la dépense totale n'excède pas 20,000 francs, ou s'il s'agit d'un marché passé pour plusieurs années, dont la dépense annuelle n'excède pas 5,000 francs;

2° . . . . , ...

3° Pour les objets dont la fabrication est exclusivement attribuée à des porteurs de brevets d'invention;

4° Pour les objets qui n'auraient qu'un possesseur unique;

5° Pour les ouvrages et objets d'art et de précision dont l'exécution ne peut être confiée qu'à des artistes ou industriels éprouvés;

. . . . .

---

[*] Les procès-verbaux d'adjudication et les marchés doivent être enregistrés dans un délai de 20 jours à partir de la date d'approbation.

11° Pour les fournitures, transports ou travaux que l'Administration doit faire exécuter au lieu et place des adjudicataires défaillants et à leurs risques et périls.

Suivant qu'il s'agit des Facultés ou du Corps des Facultés, les marchés de gré à gré sont passés par le doyen ou le président du Conseil général des Facultés, après avis du Conseil de la Faculté ou du Conseil général. Ils sont soumis à l'approbation du recteur pour les Facultés ou Écoles, et à l'approbation du Ministre pour le Corps des Facultés.

A l'égard des ouvrages d'art et de précision dont le prix ne peut être fixé qu'après l'entière exécution du travail, une clause spéciale du marché détermine les bases d'après lesquelles le prix doit être liquidé ultérieurement.

Les droits de timbre et d'enregistrement auxquels donnent lieu les adjudications et les marchés sont à la charge des adjudicataires ou de ceux qui s'engagent par marchés.

Les frais de publicité sont à la charge de la Faculté ou du Corps des Facultés.

Fournitures et travaux dont le montant n'excède pas 1,500 francs. — *Il peut être suppléé aux marchés écrits par des achats sur simple facture, quand la valeur d'un objet ou l'ensemble des achats n'excède pas 1,500 francs.*

La même disposition s'étend aux travaux dont la valeur ne dépasse pas 1,500 francs et qui peuvent être exécutés sur simple mémoire.

ACQUISITIONS, ALIÉNATIONS ET EMPRUNTS.

FACULTÉS ET CORPS DE FACULTÉS.

Les acquisitions et les aliénations de rentes ou d'immeubles sont faites, s'il s'agit d'une Faculté ou École, par le doyen ou directeur, au nom de la Faculté ou École, après délibération du Conseil de la Faculté ou École; s'il s'agit d'un Corps de Facultés, par le recteur, au nom du Corps des Facultés, après délibération du Conseil général.

Ces délibérations sont de celles qui ne peuvent être mises à exécution qu'après approbation du Ministre.

Les emprunts sont contractés dans la même forme.

DES PAYEMENTS.

FACULTÉS ET CORPS DE FACULTÉS.

Il est posé en principe par les deux décrets que les recettes et les dépenses s'effectuent par un comptable, nommé par le Ministre des Finances, et chargé seul, et sous sa responsabilité, de faire toutes diligences pour assurer la rentrée des revenus et créances, ainsi que d'acquitter les dépenses mandatées par les ordonnateurs, jusqu'à concurrence des crédits régulièrement ouverts.

RÉGISSEURS.

Cependant, pour faciliter certaines opérations de recettes et de dépenses, deux exceptions ont été prévues.

En premier lieu, les sommes qui seraient perçues à l'occasion des opérations effectuées pour le compte de particuliers dans les conditions prévues par l'un et l'autre décret peuvent être reçues, dans chaque laboratoire, par un agent à ce désigné : chef des travaux, préparateur, etc. La désignation est faite par le doyen s'il s'agit d'un laboratoire de Faculté, par le recteur s'il s'agit d'un laboratoire commun. Cet agent est tenu de délivrer aux parties une quittance détachée d'un registre à souche, et de verser au comptable les sommes perçues, tous les mois au moins, et plus fréquemment s'il en est ainsi décidé ou par le doyen ou par le recteur. (Voir les art. 47 à 49 du Règlement, page 67.)

En second lieu, dans chacun des divers services d'une Faculté ou d'un Corps de Facultés, un agent spécial, choisi parmi les divers fonctionnaires de ce service, peut être délégué par le doyen ou par le recteur, selon les cas, pour payer, au moyen d'avances mises à sa disposition sur mandats du doyen ou du recteur, les menues dépenses du service, à charge par lui de rapporter dans le mois au comptable les acquits des créanciers réels et les pièces justificatives.

5.

Un règlement ultérieur déterminera la quotité des avances et la liste des menues dépenses. (Voir les art. 96 à 106 du Règlement; § Avances pour menues dépenses de matériel, pages 79 à 82.)

FONDS LIBRES.

FACULTÉS ET CORPS DE FACULTÉS.

Les fonds libres des Facultés et des Corps de Facultés, quelle qu'en soit la provenance, sont versés en compte courant au Trésor public. Ils sont productifs d'intérêts dans les mêmes conditions que les fonds des communes.

Les dépôts sont reçus à Paris, à la Recette centrale de la Seine, et dans les départements, chez les trésoriers-payeurs généraux ou les receveurs particuliers, et ils donnent lieu à la délivrance de récépissés à talon.

Les sommes déposées sont remboursables, en totalité ou en partie, à la caisse du comptable qui a reçu le dépôt, sur la présentation d'une autorisation de remboursement délivrée par l'ordonnateur et sur la quittance du comptable.

Il est tenu, au nom de chaque établissement, un compte productif d'intérêts, qui est arrêté en capital et intérêts au 31 décembre de chaque année. Un extrait de ce compte ainsi arrêté est adressé, dans les deux premiers mois de l'année, aux doyens et directeurs pour les Facultés et Écoles, au recteur pour le Corps des Facultés.

Les intérêts annuels sont capitalisés au 1er janvier.

Le produit des intérêts ainsi acquis doit figurer aux budgets et comptes à l'article 1er des recettes ordinaires.

Reliquats disponibles et sans affectation déterminée. — *Il y aura tout avantage à convertir ces reliquats en titres de rente 3 p. 0/0 sur l'État, après délibération soit du Conseil de la Faculté ou École, soit du Conseil général et approbation du Ministre.*

INSCRIPTION ET MANDATEMENT D'OFFICE.

Les deniers des Facultés et des Corps de Facultés sont insaisissables et aucune opposition ne peut être pratiquée par leurs créanciers sur les sommes dues à ces établissements. Toutefois, à défaut de décision du Conseil de la Faculté ou du Conseil général de nature à leur assurer payement, les créanciers porteurs de titres exécutoires peuvent se pourvoir devant le Ministre de l'Instruction publique à fin d'inscription, et, s'il y a lieu, de mandatement d'office.

OPPOSITIONS SUR LES SOMMES DUES.

Les oppositions sur les sommes dues par les Facultés ou par les Corps de Facultés sont pratiquées entre les mains des comptables.

DES COMPTES.

FACULTÉS ET CORPS DE FACULTÉS.

Les comptes des ordonnateurs et des comptables sont présentés, chaque année, avec la distinction des exercices et des gestions, dans la même forme que les comptes des communes.

Dans le courant du mois d'avril et avant le vote du budget additionnel, dont le montant ne peut être fixé qu'après examen des comptes de l'exercice précédent, le Conseil de chaque Faculté ou École est nécessairement appelé à donner son avis sur les comptes de l'ordonnateur et du comptable. De même, le Conseil général, en ce qui concerne les comptes du président et du comptable du Corps des Facultés.

Le compte de gestion du comptable est nécessairement joint au compte de l'ordonnateur.

L'ordonnateur se retire au moment du vote sur son compte.

Le compte de l'ordonnateur est définitivement approuvé par le Ministre.

Les comptes des comptables sont jugés et apurés par la Cour des comptes. En cas de retard dans leur présentation, il peut être pourvu à leur reddition par l'institution de commis d'office, nommés par le préfet, à la diligence du doyen ou directeur, quand il s'agit d'une Faculté ou École assimilée; du recteur, quand il s'agit du Corps des Facultés.

LIVRES ET REGISTRES DES ORDONNATEURS.

Ces livres sont au nombre de quatre, savoir :

1° Un livre-journal des crédits ;

2° Un livre d'enregistrement des droits des créanciers ;

3° Un livre-journal des mandats délivrés ;

4° Un livre de comptes par nature de dépenses ;

Ils sont tenus par exercice.

Ils sont destinés à recevoir l'enregistrement successif, par créancier, des crédits, des droits constatés sur les services faits et des mandats délivrés, ainsi que l'inscription des payements effectués.

Livre-journal des crédits. — *Le livre-journal des crédits reçoit l'enregistrement sommaire du montant des crédits ouverts par le budget et par les décisions ministérielles.*

Livre des droits des créanciers. — *Les droits acquis aux créanciers sont constatés par article sur le livre destiné à l'enregistrement de ces droits, aussitôt après que leur fixation est déterminée par le résultat des liquidations, et lors même que la délivrance des mandats de payement devrait être ajournée, soit en raison de l'absence des ayants droit, soit en cas de litige ou pour tout autre motif.*

Livre-journal des mandats. — *Le livre-journal des mandats délivrés est consacré à l'enregistrement immédiat et successif, par ordre numérique, de tous les mandats individuels ou collectifs émis par l'ordonnateur des dépenses.*

Livre des comptes par nature de dépenses. — *Le livre des comptes ouverts par nature de dépenses est destiné à rapprocher et à présenter sous un seul aspect les crédits du budget, les mandats délivrés et les payements effectués sur chacun des articles du budget.*

Il est procédé à cet effet, pour les crédits et les mandats, au dépouillement par article : 1° du livre-journal des crédits ; 2° du livre-journal des mandats ; et quant au payement, les ordonnateurs doivent les constater sur le livre des comptes à la fin de chaque mois en une seule somme par article, d'après les relevés des mandats acquittés qu'ils reçoivent des agents comptables, dans les premiers jours du mois suivant.

Recevez, Monsieur le Recteur, l'assurance de ma considération très distinguée.

Le Ministre de l'Instruction publique,
des Beaux-Arts et des Cultes,

R. POINCARÉ.

DÉCRET

*portant règlement d'administration publique sur le régime financier
et la comptabilité des Facultés.*

Le Président de la République française,

Sur le rapport des Ministres de l'Instruction publique et des Finances;

Vu la loi du 21 germinal an xi et l'ordonnance du 27 septembre 1840;

Vu la loi du 20 décembre 1879;

Vu le décret du 25 juillet 1885 portant règlement d'administration publique sur l'acceptation des dons et legs faits en faveur des Facultés et Écoles d'enseignement supérieur;

Vu le décret du 28 décembre 1885 sur l'organisation des Facultés et des Écoles d'enseignement supérieur et le décret du 9 août 1893 portant modification du titre Iᵉʳ dudit décret;

Vu l'article 51 de la loi du 17 juillet 1889, ainsi conçu :

« À dater du 1ᵉʳ janvier 1890, il sera fait recette au budget spécial de chaque Faculté, concurremment avec les ressources propres de l'établissement, des crédits ouverts aux chapitres 7 et 8 pour le matériel des Facultés. Un règlement d'administration publique déterminera les règles relatives aux budgets et aux comptes spéciaux des Facultés »;

Vu le décret du 22 février 1890 portant règlement d'administration publique sur la comptabilité des Facultés;

Vu l'article 71 de la loi de finances du 28 avril 1893 concernant les Corps de Facultés d'un même ressort académique;

Vu le décret du 31 mai 1862 portant règlement général sur la comptabilité publique;

Le Conseil d'État entendu,

Décrète :

CHAPITRE Iᵉʳ.

DES RECETTES ET DES DÉPENSES.

ARTICLE PREMIER.

Le budget de chaque Faculté ou École d'enseignement supérieur est divisé en budget ordinaire et budget extraordinaire.

ART. 2.

Les recettes du budget ordinaire se composent :

1° Des revenus des biens meubles et immeubles, ainsi que des intérêts des fonds placés au Trésor;

2° Du produit des publications spéciales à chaque Faculté ou École d'enseignement supérieur;

3° Du produit des opérations qui peuvent être autorisées par le Ministre de l'Instruction publique, pour le compte de particuliers, dans des laboratoires spéciaux à chaque Faculté ou École, et dont la dépense doit être remboursée conformément aux conditions déterminées par le Conseil de la Faculté ou de l'établissement assimilé;

4° Des subventions de l'État;

5° Des subventions des départements, des communes, des établissements publics, des établissements d'utilité publique et des particuliers;

6° De toutes les autres ressources ayant le caractère de revenus.

ART. 3.

Les dépenses du budget ordinaire comprennent :

1° Les impositions établies par les lois;

2° Les dépenses du personnel imputables sur le revenu des dons et legs ou sur les subventions prévues au paragraphe 5 de l'article précédent;

3° Les bourses payées à l'aide des mêmes ressources;

4° L'entretien des bâtiments;

5° L'entretien du mobilier;

6° L'éclairage et le chauffage;

7° Les impressions et frais de bureau;

8° Les frais matériels des examens;

9° L'entretien et l'accroissement des collections;

10° Les frais de cours et de laboratoire;

11° Les frais de travaux pratiques des étudiants;

12° Les frais des publications;

13° Les frais des opérations autorisées dans les laboratoires pour le compte de particuliers;

1 4° Les acquisitions et allocations pour prix et médailles;

1 5° La rétribution de l'agent comptable;

1 6° L'acquittement des dettes exigibles;

1 7° Toutes autres dépenses imputables sur les revenus annuels.

ART. 4.

Le budget extraordinaire comprend la recette et l'emploi des capitaux provenant de dons et legs, d'emprunts, d'aliénations, de remboursements, de coupes extraordinaires de bois et de toutes autres ressources exceptionnelles.

CHAPITRE II.

DU VOTE ET DE L'APPROBATION DU BUDGET.

ART. 5.

Le budget de chaque Faculté ou établissement assimilé est voté par le Conseil, sur la proposition du doyen ou du directeur et approuvé par le Ministre de l'Instruction publique, après avis du Conseil général des Facultés.

Les crédits reconnus nécessaires en cours d'exercice sont votés et autorisés dans la même forme.

ART. 6.

Le budget est présenté au Conseil dans la première quinzaine de novembre. Dans la quinzaine suivante, il est transmis au Ministre.

Au mois d'avril sont votés des chapitres additionnels concernant l'exercice en cours.

CHAPITRE III.

DE L'ORDONNANCEMENT, DU RECOUVREMENT ET DU PAYEMENT.

ART. 7.

La durée des périodes complémentaires de l'exercice s'étend jusqu'au 1er mars pour l'ordonnancement et jusqu'au 30 du même mois pour le recouvrement et le payement.

6.

ART. 8.

Le doyen ou directeur est ordonnateur des dépenses.

Il peut être suppléé par l'assesseur en cas d'absence ou d'empêchement.

ART. 9.

L'ordonnateur passe les marchés et procède aux adjudications dans les formes et dans les conditions prescrites par le décret du 18 novembre 1882.

ART. 10.

Les recettes et les dépenses s'effectuent par un comptable, chargé seul et sous sa responsabilité de faire toutes diligences pour assurer la rentrée des revenus et créances, ainsi que d'acquitter les dépenses mandatées par le doyen ou directeur, jusqu'à concurrence des crédits régulièrement ouverts.

ART. 11.

Les fonctions de comptable des Facultés ou établissements assimilés sont remplies par un agent désigné par le Ministre des Finances.

ART. 12.

Les comptables des deniers des Facultés et établissements assimilés sont soumis aux mêmes obligations que les comptables des deniers des communes. Les dispositions des lois, décrets et ordonnances concernant les obligations de ces receveurs et les responsabilités qui s'y rattachent, en particulier celles de l'arrêté consulaire du 19 vendémiaire an XII relatives au recouvrement des revenus et à la conservation des droits, sont applicables aux comptables des Facultés et établissements assimilés.

ART. 13.

Les sommes qui seraient perçues à l'occasion des opérations effectuées pour le compte de particuliers dans les conditions prévues à l'article 2, 3°, peuvent être reçues dans chaque laboratoire par un agent délégué par le doyen ou directeur, moyennant la délivrance aux parties d'une quittance détachée d'un registre à souche, et à la charge de versement au comptable tous les mois, et plus fréquemment s'il en est ainsi décidé par le doyen ou directeur.

ART. 14.

Dans chaque service un agent spécial, délégué par le doyen ou directeur, peut être chargé, à titre de régisseur et à charge de rapporter dans le mois au comptable les acquits des créanciers réels et les pièces justificatives, de payer, au moyen d'avances mises à sa disposition sur mandats du doyen ou directeur, les menues dépenses des Facultés et établissements assimilés. La quotité de ces avances et la liste des menues dépenses seront fixées par les règlements prévus à l'article 22 du présent décret.

ART. 15.

La gestion du comptable des Facultés ou établissements assimilés est placée sous la surveillance et la responsabilité du receveur des finances de l'arrondissement.

Les titres de recettes, les budgets et autorisations spéciales de dépenses sont transmis au comptable par l'intermédiaire du doyen ou directeur et du receveur des finances.

ART. 16.

Les fonds libres des Facultés et établissements assimilés sont versés en compte courant au Trésor public; ils sont productifs d'intérêts dans les mêmes conditions que les fonds des communes.

ART. 17.

Les deniers des Facultés et établissements assimilés sont insaisissables et aucune opposition ne peut être pratiquée par leurs créanciers sur les sommes dues à ces établissements, sauf aux créanciers porteurs de titres exécutoires, à défaut de décision du Conseil, de nature à leur assurer payement, à se pourvoir devant le Ministre de l'Instruction publique à fin d'inscription, et, s'il y a lieu, de mandatement d'office.

ART. 18.

Les oppositions sur les sommes dues par les Facultés et établissements assimilés sont pratiquées entre les mains des comptables de ces établissements.

CHAPITRE IV.

DES COMPTES.

ART. 19.

Les comptes des ordonnateurs et des comptables sont présentés avec la distinction des exercices et des gestions dans la même forme que les comptes des communes.

ART. 20.

Le conseil de chaque Faculté ou établissement assimilé donne son avis dans la première séance du mois d'avril et avant le vote des chapitres additionnels, sur les comptes de l'ordonnateur et du comptable.

L'ordonnateur se retire au moment du vote sur son compte.

Le compte de l'ordonnateur est définitivement approuvé par le Ministre.

ART. 21.

Les comptes des comptables des Facultés et établissements assimilés sont jugés et apurés par la Cour des comptes.

En cas de retard dans la présentation des comptes, il peut être pourvu à leur reddition par l'institution de commis d'office nommés par le préfet.

CHAPITRE V.

DISPOSITIONS DIVERSES ET TRANSITOIRES.

ART. 22.

La forme des budgets et des comptes des Facultés et établissements assimilés, le mode de rémunération des comptables et de fixation de leurs cautionnements, et, en général, les mesures d'exécution du présent décret seront déterminés par des règlements arrêtés de concert par les Ministres de l'Instruction publique et des Finances.

ART. 23.

Les dispositions du présent décret sont applicables aux budgets délibérés en 1893 par les Conseils des Facultés et établissements assimilés et aux comptes rendus pour l'exécution de ces budgets.

ART. 24.

Sont et demeurent abrogés le décret du 22 février 1890, ainsi que toutes les dispositions contraires à celles du présent décret.

ART. 25.

Le Ministre de l'Instruction publique et le Ministre des Finances sont chargés, chacun en ce qui le concerne, de l'exécution du présent décret, qui sera inséré au *Bulletin des lois* et publié au *Journal officiel*.

Fait à Fontainebleau, le 10 août 1893.

CARNOT.

Par le Président de la République :

Le Ministre de l'Instruction publique,
des Beaux-Arts et des Cultes,
R. POINCARÉ.

Le Ministre des Finances,
P. PEYTRAL.

DÉCRET

portant règlement d'administration publique sur le régime financier et la comptabilité des Corps de Facultés.

Le Président de la République française,

Sur le rapport des Ministres de l'Instruction publique et des Finances ;

Vu l'article 71 de la loi de finances du 28 avril 1893, portant :

« Le Corps formé par la réunion de plusieurs Facultés de l'État dans un même ressort académique est investi de la personnalité civile.

« Il est représenté par le Conseil général des Facultés.

« Il sera soumis, en ce qui concerne ses recettes, ses dépenses et sa comptabilité, aux prescriptions qui seront déterminées par un règlement d'administration publique » ;

Vu le décret du 28 décembre 1885 sur l'organisation des Facultés et des Écoles d'enseignement supérieur, et le décret du 9 août 1893 portant modification du titre Ier dudit décret ;

Vu le décret du 31 mai 1862 portant règlement général sur la comptabilité publique ;

Le Conseil d'État entendu,

Décrète :

CHAPITRE Ier.

DES RECETTES ET DES DÉPENSES.

ARTICLE PREMIER.

Le budget d'un Corps de Facultés est divisé en budget ordinaire et budget extraordinaire.

ART. 2.

Les recettes du budget ordinaire se composent :

1° Des revenus des biens meubles et immeubles, ainsi que des intérêts des fonds placés au Trésor ;

2° Du produit des publications communes à plusieurs Facultés ;

3° Du produit des opérations qui peuvent être autorisées par le Ministre de l'Instruction publique, pour le compte de particuliers, dans des laboratoires communs à plusieurs Facultés et dont la dépense doit être remboursée conformément aux conditions déterminées par le Conseil général des Facultés ;

4° Des allocations consenties par des Facultés pour contribuer à des dépenses communes ;

5° Des subventions de l'État ;

6° Des subventions des départements, des communes, des établissements publics, des établissements d'utilité publique et des particuliers ;

7° De toutes les autres ressources ayant le caractère de revenus.

ART. 3.

Les dépenses du budget ordinaire afférentes à la bibliothèque et aux services déclarés communs par arrêtés ministériels, après avis du Conseil général, comprennent :

1° Les impositions établies par les lois ;

2° Les dépenses du personnel imputables sur le revenu des dons et legs ou sur les subventions prévues au paragraphe 6 de l'article précédent ;

3° Les bourses payées à l'aide des mêmes ressources ;

4° Les dépenses de la bibliothèque universitaire ;

5° L'entretien des bâtiments ;

6° L'entretien du mobilier ;

7° L'éclairage et le chauffage ;

8° Les impressions et frais de bureau :

9° Les frais matériels des examens ;

10° L'entretien et l'accroissement des collections ;

11° Les frais de cours et de laboratoire ;

12° Les frais de travaux pratiques des étudiants ;

13° Les frais des publications ;

14° Les frais des opérations autorisées dans les laboratoires pour le compte de particuliers ;

15° Les acquisitions et allocations pour prix et médailles ;

16° La rétribution de l'agent comptable ;

17° L'acquittement des dettes exigibles ;

18° Toutes autres dépenses imputables sur les revenus annuels.

ART. 4.

Le budget extraordinaire comprend la recette et l'emploi des capitaux provenant des dons et legs, d'emprunts, d'aliénations, de remboursements, de coupes extraordinaires de bois et de toutes autres ressources exceptionnelles.

CHAPITRE II.

DU VOTE ET DE L'APPROBATION DU BUDGET.

ART. 5.

Le budget de chaque Corps de Facultés est voté par le Conseil général, sur la proposition de son président, et approuvé par le Ministre de l'Instruction publique.

Les crédits reconnus nécessaires en cours d'exercice sont votés et autorisés dans la même forme.

ART. 6.

Le budget est présenté au Conseil général dans la deuxième quinzaine de novembre. Dans la quinzaine suivante il est transmis au Ministre.

Au mois d'avril sont votés des chapitres additionnels concernant l'exercice en cours.

CHAPITRE III.

DE L'ORDONNANCEMENT, DU RECOUVREMENT ET DU PAYEMENT.

ART. 7.

La durée des périodes complémentaires de l'exercice s'étend jusqu'au 1er mars pour l'ordonnancement, et jusqu'au 30 du même mois pour le recouvrement et le payement.

ART. 8.

Le président du Conseil général est ordonnateur des dépenses.

Il peut être suppléé par le vice-président en cas d'absence ou d'empêchement.

ART. 9.

L'ordonnateur passe les marchés et procède aux adjudications dans les formes et dans les conditions prescrites par le décret du 18 novembre 1882.

ART. 10.

Les recettes et les dépenses s'effectuent par un comptable chargé, seul et sous sa responsabilité, de faire toutes diligences pour assurer la rentrée des revenus et créances, ainsi que d'acquitter les dépenses mandatées par le président, jusqu'à concurrence des crédits régulièrement ouverts.

ART. 11.

Les fonctions de comptable du Corps des Facultés sont remplies par un agent désigné par le Ministre des Finances.

ART. 12.

Les comptables des deniers des Corps de Facultés sont soumis aux mêmes obligations que les comptables des deniers des communes. Les dispositions des lois, décrets et ordonnances concernant les obligations de ces receveurs et les responsabilités qui s'y rattachent, en particulier celles de l'arrêté consulaire du 19 vendémiaire an XII relatives au recouvrement des revenus et à la conservation des droits, sont applicables aux comptables des Corps de Facultés.

ART. 13.

Les sommes qui seraient perçues à l'occasion des opérations effectuées pour le compte de particuliers dans les conditions prévues à l'article 2, 3°, peuvent être reçues dans chaque laboratoire par un agent délégué par le président du Conseil général, moyennant la délivrance aux parties d'une quittance détachée d'un registre à souche, et à la charge de versement au comptable tous les mois, et plus fréquemment s'il en est ainsi décidé par le président du Conseil général.

ART. 14.

Dans chaque service un agent spécial délégué par le président du Conseil général peut être chargé, à titre de régisseur et à charge de rapporter dans le mois au comptable les acquits des créanciers réels et les pièces justificatives, de payer, au moyen d'avances mises à sa disposition sur mandats du président, les menues dépenses du Corps des Facultés.

La quotité de ces avances et la liste des menues dépenses seront fixées par les règlements prévus à l'article 22 du présent décret.

ART. 15.

La gestion du comptable du Corps des Facultés est placée sous la surveillance et la responsabilité du receveur des finances de l'arrondissement.

Les titres de recettes, les budgets et autorisations spéciales de dépenses sont transmis au comptable par l'intermédiaire du recteur et du receveur des finances.

ART. 16.

Les fonds libres des Corps de Facultés sont versés en compte courant au Trésor public ; ils sont productifs d'intérêts dans les mêmes conditions que les fonds des communes.

ART. 17.

Les deniers des Corps de Facultés sont insaisissables et aucune opposition ne peut être pratiquée par leurs créanciers sur les sommes dues à ces établissements, sauf aux créanciers porteurs de titres exécutoires, à défaut de décision du Conseil général de nature à leur assurer payement, à se pourvoir devant le Ministre de l'Instruction publique à fin d'inscription et, s'il y a lieu, de mandatement d'office.

ART. 18.

Les oppositions sur les sommes dues par les Corps de Facultés sont pratiquées entre les mains des comptables de ces établissements.

CHAPITRE IV.

DES COMPTES.

ART. 19.

Les comptes des ordonnateurs et des comptables sont présentés avec la distinction des exercices et des gestions, dans la même forme que les comptes des communes.

ART. 20.

Le Conseil général donne son avis, dans la première séance du mois d'avril et avant le vote des chapitres additionnels, sur les comptes de l'ordonnateur et du comptable.

L'ordonnateur se retire au moment du vote sur son compte.

Le compte de l'ordonnateur est définitivement approuvé par le Ministre.

ART. 21.

Les comptes des comptables des Corps de Facultés sont jugés et apurés par la Cour des comptes.

En cas de retard dans la présentation des comptes, il peut être pourvu à leur reddition par l'institution de commis d'office nommés par le préfet.

CHAPITRE V.

DISPOSITIONS DIVERSES ET TRANSITOIRES.

—

ART. 22.

La forme des budgets et des comptes des Corps de Facultés, le mode de rémunération des comptables et de fixation de leurs cautionnements, et, en général, les mesures d'exécution du présent décret seront déterminés par des règlements arrêtés de concert par les Ministres de l'Instruction publique et des Finances.

ART. 23.

Les dispositions du présent décret sont applicables aux budgets délibérés en 1893 par les Conseils généraux des Facultés et aux comptes rendus pour l'exécution de ces budgets.

ART. 24.

Sont et demeurent abrogées toutes les dispositions contraires à celles du présent décret.

ART. 25.

Le Ministre de l'Instruction publique et le Ministre des Finances sont chargés, chacun en ce qui le concerne, de l'exécution du présent décret, qui sera inséré au *Bulletin des lois* et publié au *Journal officiel*.

Fait à Fontainebleau, le 10 août 1893.

CARNOT.

Par le Président de la République :

Le Ministre de l'Instruction publique,
des Beaux-Arts et des Cultes,
R. POINCARÉ.

Le Ministre des Finances,
P. PEYTRAL.

RÈGLEMENT

SUR

LA COMPTABILITÉ DES FACULTÉS ET DES CORPS DE FACULTÉS.

(Décrets du 10 août 1893.)

TITRE Ier.

Dispositions générales.

ARTICLE PREMIER.

Les services financiers des Facultés ou établissements assimilés et des Corps de Facultés s'exécutent par gestion et par exercice et il en est rendu compte de la même manière.

ART. 2.

La gestion comprend toutes les opérations de recette et de dépense effectuées dans une même année ou pendant la durée des fonctions du comptable, soit pour l'exécution des budgets, soit pour le fonctionnement des services hors budget.

ART. 3.

Le budget est l'acte par lequel sont prévues et autorisées les recettes et les dépenses annuelles.

L'exercice est la période d'exécution des services du budget.

Les droits acquis et les services faits du 1er janvier au 31 décembre de l'année qui donne son nom à un budget sont seuls considérés comme appartenant à l'exercice de ce budget.

ART. 4.

La période d'exécution des services du budget embrasse, outre l'année même à laquelle ce budget s'applique, des délais complémentaires accordés sur l'année suivante pour achever les opérations relatives au recouvrement des produits, à la constatation des droits acquis, à la liquidation, au mandatement et au payement des dépenses.

A l'expiration de ces délais, l'exercice est clos.

L'époque de la clôture de l'exercice en ce qui concerne les Facultés ou établissements assimilés et les Corps de Facultés est fixée au 1er mars de la seconde année pour la liquidation et l'ordonnancement des sommes dues aux créanciers, et au 30 mars de cette seconde année pour compléter les opérations relatives au recouvrement des produits et au payement des dépenses.

ART. 5.

Toute recette doit être justifiée par des titres administratifs propres à établir le montant des droits de l'établissement.

ART. 6.

Aucune dépense ne peut être acquittée si elle n'a préalablement été ordonnancée sur un crédit régulièrement ouvert et dans la limite des fonds disponibles appartenant à l'établissement.

ART. 7.

Le doyen de la Faculté ou le directeur de l'établissement assimilé est ordonnateur des dépenses de la Faculté ou de l'établissement ; il peut être suppléé par l'assesseur en cas d'absence ou d'empêchement.

Le président du Conseil général est ordonnateur des dépenses du Corps des Facultés ; il peut être suppléé par le vice-président en cas d'absence ou d'empêchement.

ART. 8.

Aucun payement ne peut être effectué qu'au véritable créancier justifiant de ses droits et pour l'acquittement d'un service fait.

ART. 9.

Pour les services régis par économie, c'est-à-dire confiés à des agents intermédiaires, des avances peuvent néanmoins être faites exceptionnellement aux agents de ces services, aux conditions et dans les limites prévues par les articles 96 à 106 inclusivement du présent règlement.

ART. 10.

Les marchés ou conventions pour travaux et fournitures ne doivent stipuler d'acomptes que pour un service fait.

Toutefois, des avances peuvent être exceptionnellement consenties pour les travaux d'art et de précision.

ART. 11.

Il ne peut être stipulé ni intérêts ni commission de banque au profit d'un entrepreneur, fournisseur ou régisseur, à raison d'emprunts temporaires ou d'avances de fonds pour l'exécution et le payement des services de l'établissement.

Cette interdiction n'exclut pas les allocations de frais et indemnités qui ne peuvent êtres prévus dans les devis et ne sont pas susceptibles d'être supportés par les entrepreneurs ou autres créanciers.

ART. 12.

Les fonctions de comptable des Facultés ou établissements assimilés et des Corps de Facultés sont remplies par un agent désigné par le Ministre des Finances.

ART. 13.

Les fonctions d'administrateur et d'ordonnateur sont incompatibles avec celles de comptable.

ART. 14.

Toute personne, autre que le comptable qui, sans autorisation légale, s'est ingérée dans le maniement des deniers de l'établissement, est par ce seul fait constituée comptable, sans préjudice des poursuites qu'elle aurait encourues, par application de l'article 258 du Code pénal, comme s'étant immiscée sans titre dans des fonctions publiques.

ART. 15.

Une hypothèque légale sur les biens du comptable est attribuée aux droits et créances de l'établissement par application de l'article 2121 du Code civil.

8.

ART. 16.

Les comptables des Facultés ou établissements assimilés et des Corps de Facultés doivent, avant leur entrée en fonctions, verser au Trésor un cautionnement pour la garantie de leur gestion.

Ce cautionnement est fixé dans l'arrêté de nomination au double des rétributions payées pour l'exercice précédent.

Celui des comptables d'établissements de nouvelle création est fixé au double du chiffre des rétributions prévues au premier budget.

Les cautionnements sont en sommes rondes de 100 francs; les fractions supérieures à 50 francs sont élevées à 100 francs; les fractions inférieures à 50 fr. sont négligées.

Les cautionnements sont solidairement affectés aux diverses gestions dont un même comptable se trouve chargé cumulativement.

TITRE II.

Du budget et des crédits.

———

ART. 17.

Le budget de chaque Faculté ou école assimilée est préparé par le doyen ou directeur.

Celui d'un Corps de Facultés est préparé par le recteur, président du Conseil général.

Le budget de chaque Faculté ou école est voté par le Conseil de l'établissement sur la proposition du doyen ou directeur, et approuvé par le Ministre de l'Instruction publique, après avis du Conseil général des Facultés.

Le budget du Corps des Facultés est voté par le Conseil général, sur la proposition de son président, et approuvé par le Ministre de l'Instruction publique.

ART. 18.

Les crédits reconnus nécessaires en cours d'exercice sont votés et autorisés dans la même forme. Cette prescription n'est pas limitée aux crédits alloués sur les fonds de la subvention de l'État; elle s'étend aux ressources de toute nature.

ART. 19.

Le budget est présenté au Conseil dans la deuxième quinzaine de novembre. Dans la quinzaine suivante il est transmis au Ministre.

ART. 20.

Un budget additionnel est établi chaque année, au mois d'avril, dans les mêmes formes que le budget ordinaire.

Il comprend les sommes à reporter en recettes et en dépenses à l'exercice suivant.

ART. 21.

Le budget se divise en budget ordinaire et en budget extraordinaire.

Il rappelle les recettes et les dépenses de l'exercice précédent.

Il est présenté et voté par articles.

ART. 22.

Les deniers des Facultés ou établissements assimilés et des Corps de Facultés sont insaisissables et aucune opposition ne peut être pratiquée par leurs créanciers sur les sommes dues à ces établissements, sauf aux créanciers porteurs de titres exécutoires, à défaut de décision du Conseil de nature à leur assurer payement, à se pourvoir devant le Ministre de l'Instruction publique, à fin d'inscription et, s'il y a lieu, de mandatement d'office.

ART. 23.

L'ordonnateur ne peut accroître par aucune ressource particulière le montant des crédits inscrits au budget.

ART. 24.

Les virements de crédits sont délibérés et approuvés dans la même forme que le budget.

ART. 25.

Il doit être fait recette au budget du montant intégral des produits.

Il est fait dépense au même budget des frais de régie de ces produits et autres frais accessoires, ainsi que des remboursements et restitutions.

ART. 26.

Les reversements de trop-payé qui sont effectués pendant la durée de l'exercice sur lequel l'ordonnancement a eu lieu peuvent être rétablis au crédit de l'article qui avait d'abord supporté la dépense.

Ce rétablissement de crédit résulte de l'annulation des payements indûment faits, laquelle est opérée par le comptable, sur la demande de l'ordonnateur appuyée d'un bordereau indiquant :

1° La date et le numéro, ainsi que le montant du mandat sur lequel porte la restitution ;

2° La date, le numéro et le montant du reversement.

TITRE III.

Exécution des services budgétaires.

—

ART. 27.

L'ordonnateur transmet au comptable les budgets et les autorisations spéciales de dépenses par l'intermédiaire du receveur des finances de l'arrondissement.

ART. 28.

Les acquisitions et les aliénations de rentes ou d'immeubles sont faites, s'il s'agit d'une Faculté ou École, par le doyen ou directeur, au nom de la Faculté ou École, après délibération du Conseil; s'il s'agit d'un Corps de Facultés, par le président du Conseil général, au nom du Corps des Facultés, après délibération dudit Conseil.

Ces délibérations ne peuvent être mises à exécution qu'après approbation du Ministre de l'Instruction publique.

Les emprunts sont autorisés dans la même forme.

ART. 29.

Les actes concernant les acquisitions ou les aliénations d'immeubles sont passés par l'ordonnateur par devant notaire.

Lorsque des actes notariés, tels que ceux d'acquisition, de vente, d'échange doivent être soumis à l'approbation ministérielle, cette approbation peut être donnée soit sur l'acte lui-même, soit par un arrêté spécial rendu au vu d'une copie établie sur papier libre par le notaire, et qui est annexé à la minute.

ART. 30.

L'ordonnateur passe les marchés et procède aux adjudications dans les formes et dans les conditions prescrites par le décret du 18 novembre 1882,

ART. 31.

Les emprunts peuvent être réalisés par adjudication ou par traité de gré à gré, ou encore par souscription publique.

Les emprunts réalisés par voie de souscription publique sont régis par les dispositions du règlement du 23 juin 1879.

ART. 32.

Les ventes d'objets mobiliers ou de collection ont lieu à la diligence de l'ordonnateur et sauf dans les cas exceptionnels par voie d'adjudication ou de marchés de gré à gré.

ART. 33.

L'acceptation des libéralités par actes entre vifs ou testamentaires au profit des Facultés ou établissements assimilés ou des Corps de Facultés est autorisée par décret du Président de la République, rendu en Conseil d'État sur la proposition du Ministre de l'Instruction publique, après avis du Conseil de la Faculté ou établissement assimilé ou du Conseil général des Facultés.

L'acceptation des dons et legs est faite par le doyen ou directeur, ou par le président du Conseil général des Facultés.

Lorsque les dons ou legs ont été faits sans affectation déterminée, l'emploi en est réglé par le décret d'autorisation [*].

ART. 34.

Pour les acquisitions d'immeubles dont le prix n'excède pas 500 francs, l'ordonnateur peut, avec l'autorisation spéciale du Conseil de la Faculté ou École, ou du Conseil général des Facultés, et sauf les droits des tiers, se dispenser de remplir les formalités de purge des hypothèques légales.

---

[*] Voir, page 101, la *Notice sur l'acceptation des dons et legs et la délivrance des legs* (*instruction des affaires; pièces à produire, actes, délibérations, etc.*).

ART. 35.

Aucune dépense à la charge d'une Faculté ou établissement assimilé et d'un Corps de Facultés, et qui est imputable sur son budget, ne peut être engagée que par l'ordonnateur.

ART. 36.

L'ordonnateur ne peut sous sa responsabilité, engager aucune dépense, avant qu'il ait été pourvu au moyen de la payer par un crédit régulier.

ART. 37.

Les crédits affectés par le budget à chaque article de dépense ne peuvent être appliqués à d'autres dépenses.

ART. 38.

Les crédits affectés aux dépenses de chaque exercice ne peuvent être employés à l'acquittement des dépenses d'un autre exercice.

ART. 39.

Les fonds libres des Facultés et des Corps de Facultés, quelle qu'en soit la provenance, sont versés en compte courant au Trésor public. Ils sont productifs d'intérêts dans les mêmes conditions que les fonds des communes.

Les dépôts sont reçus à Paris, à la Recette centrale de la Seine, et dans les départements, chez les trésoriers-payeurs généraux ou les receveurs particuliers, et ils donnent lieu à la délivrance de récépissés à talon.

Les sommes déposées sont remboursables, en totalité ou en partie, à la caisse du comptable qui a reçu le dépôt, sur la présentation d'une autorisation de remboursement délivrée par l'ordonnateur (*modèles n°s 4 et 4 bis* [*]) et sur la quittance de l'agent comptable.

Il est tenu, au nom de chaque établissement, un compte productif d'intérêts, qui est arrêté en capital et intérêts au 31 décembre de chaque année. Un extrait de ce compte ainsi arrêté est adressé, dans les deux premiers mois de l'année, aux doyens et directeurs pour les Facultés et Écoles, au recteur pour le Corps des Facultés; l'ordonnateur délivre une copie de cet extrait à l'agent comptable.

Les intérêts annuels sont capitalisés au 1er janvier.

Le produit des intérêts ainsi acquis doit figurer aux budgets et comptes à l'article 1er des recettes ordinaires.

---

[*] Modèles : Facultés et Écoles, v. p. 151, *série de 1 à 29*; Corps des Facultés, v. p. 237, *série de 1 bis à 29 bis.*

TITRE IV.

Recettes.

ART. 40.

Toutes les recettes, de quelque nature qu'elles soient, donnent lieu à la délivrance de titres de perception (*modèles n°ˢ 3 et 3 bis*). Ces titres de perception sont obligatoirement adressés par l'ordonnateur au receveur des finances de l'arrondissement.

La nomenclature annexée au présent règlement détermine les pièces justificatives qui doivent accompagner les titres de perception.

ART. 41.

La subvention de l'État est ordonnancée par le Ministre de l'Instruction publique au nom de l'agent comptable qui en fait recette au compte de l'établissement.

ART. 42.

L'état de toutes les propriétés de l'établissement est dressé par l'ordonnateur; une copie en est délivrée par lui au receveur des finances qui la transmet à l'agent comptable.

L'agent comptable reçoit par la même voie une expédition de tous les titres de propriété, titres de rentes, baux, contrats, jugements, déclarations et autres actes établissant les droits de l'établissement. Il donne récépissé de ces expéditions qui sont conservées et mentionnées par lui sur un registre.

ART. 43.

Le comptable recouvre les divers produits aux échéances déterminées par les titres de perception ou par l'administration.

ART. 44.

Il délivre des quittances pour toutes les sommes versées à sa caisse.

Ces quittances sont détachées d'un journal à souche.

Le comptable doit, en outre, émarger les recouvrements sur les titres de recettes.

Les quittances doivent indiquer très exactement la Faculté ou École ou le Corps de Facultés pour le compte duquel les recouvrements sont effectués et la nature du produit encaissé.

ART. 45.

Lorsque la recette excède 10 francs ou lorsque, n'excédant pas 10 francs, elle a pour objet soit un acompte, soit un payement final sur une plus forte somme, la quittance doit être timbrée à 25 centimes. (Loi du 23 août 1871, art. 2.)

Sont toutefois exemptes de timbre, même pour des sommes supérieures à 10 francs, les quittances délivrées aux receveurs des finances pour le payement des arrérages de rentes appartenant à l'établissement.

Sont également exemptes de timbre les quittances apposées sur les autorisations de remboursement de fonds placés au Trésor.

ART. 46.

L'agent comptable est tenu de faire toutes les diligences nécessaires pour la perception des revenus, legs ou donations et autres ressources affectées au service de la Faculté ou du Corps des Facultés, de faire faire contre les débiteurs en retard de payer, et à la requête de l'ordonnateur, les exploits, significations, poursuites et commandements nécessaires; d'avertir, selon les cas, le doyen ou le président du Conseil général des Facultés de l'expiration des baux; d'empêcher les prescriptions, etc.

Lorsque le comptable est porteur d'un titre exécutoire, il peut employer contre les débiteurs en retard les moyens de poursuites ci-après :

Commandement par ministère d'huissier;

Saisie-exécution de meubles en observant les formalités prescrites par le Code de procédure.

Après ce dernier acte de poursuites, le comptable doit informer l'ordonnateur de la date à laquelle doit avoir lieu la vente. Si le Conseil de la Faculté ou le Conseil général des Facultés juge qu'il y a lieu de surseoir, ordre par écrit doit en être donné au comptable, qui suspend ses poursuites.

Le comptable peut procéder à la saisie-arrêt sans aucune autorisation; mais il doit en donner avis immédiatement à l'ordonnateur, afin que le Conseil de la Faculté ou le Conseil général puisse examiner s'il convient de dénoncer la saisie avec assignation en validité.

ART. 47.

Le doyen ou directeur et le président du Conseil général des Facultés sont autorisés à déléguer un agent spécial pour le recouvrement du produit des opérations qui peuvent être effectuées dans les laboratoires pour le compte de particuliers, d'après la nomenclature générale autorisée par le Ministre de l'Instruction publique et suivant le mode particulier de fonctionnement arrêté soit par le Conseil de la Faculté ou École, soit par le Conseil général.

La délégation qui institue cet agent reste valable jusqu'à révocation expresse, sans qu'il y ait lieu de la renouveler d'année en année.

ART. 48.

La comptabilité dudit agent de perception consiste dans la tenue d'un registre à souche (*modèles n°s 9 et 9 bis*), dont la série des numéros est suivie sans interruption et dont toutes les quittances mentionnent au verso l'extrait de la délibération du Conseil de la Faculté ou École ou du Conseil général portant fixation du tarif des opérations.

Le versement de la somme due n'est exigible qu'après l'opération effectuée.

La consignation est acquise à l'établissement ou au Corps des Facultés et ne peut être remboursée.

Le timbre mobile de vingt-cinq centimes est apposé sur toute quittance au-dessus de 10 francs. Ce timbre est à la charge du débiteur.

ART. 49.

A la fin de chaque mois, le préposé de chaque laboratoire effectue, à la caisse de l'agent comptable de l'établissement intéressé ou du Corps des Facultés, le versement des sommes qui ont été perçues dans le courant du mois.

Le versement est appuyé d'un bordereau de recettes certifié par le doyen ou directeur ou par le président du Conseil général des Facultés, après visa du registre à souche.

ART. 50.

Si, au 31 mars, il existe des restes à recouvrer sur quelques-uns des produits ou revenus de l'établissement, le comptable rend compte et justifie à l'ordonnateur des circonstances qui se sont opposées à la rentrée des reliquats.

A cet effet, le bordereau détaillé des titres de perception et des versements effectués (*modèles n⁰ˢ 20 et 20 bis*) comporte des colonnes indiquant les sommes non recouvrées et les motifs du non-recouvrement.

L'ordonnateur détermine dans cet état :

1° La portion de l'arriéré qu'il y a lieu de reporter à l'exercice suivant ;

2° La portion dont le comptable serait dans le cas d'obtenir décharge ;

3° Celle qui devrait demeurer à la charge du comptable.

Le Conseil de la Faculté ou le Conseil général des Facultés statue sur l'admission en non-valeurs des créances présentées comme irrecouvrables.

L'ordonnateur assure l'exécution de cette décision au moyen d'un arrêté inséré à la suite de l'état des restes à recouvrer.

Au vu de cet arrêté, le comptable déduit du montant des titres de perception de l'exercice expiré l'ensemble des créances à recouvrer au 31 mars précédent, et il prend charge, comme créances nouvelles de l'exercice en cours, des sommes transportées à cet exercice et de celles mises à sa charge.

TITRE V.

Dépenses.

---

§ 1ᵉʳ. — *Liquidation des dépenses.*

ART. 51.

La constatation des droits des créanciers doit précéder le mandatement, sauf les exceptions spécifiées dans le présent règlement.

Cette constatation résulte des pièces justificatives dûment arrêtées.

ART. 52,

Toutes les dépenses d'un exercice doivent être liquidées avant l'expiration du délai complémentaire fixé par l'article 4.

Les créances dont les titres ont été déposés trop tardivement pour que le mandatement puisse en être fait avant la clôture de l'exercice doivent néanmoins être liquidées, afin que le montant en soit compris dans les restes à payer de cet exercice.

ART. 53.

Il est procédé à la liquidation des droits acquits, soit d'office, soit sur la demande des créanciers, et d'après les pièces produites par eux ou dans leur intérêt.

Les titres de chaque liquidation doivent offrir la preuve des droits acquis aux créanciers de l'établissement et être rédigés dans la forme déterminée par la nomenclature annexée au présent règlement.

ART. 54 .

La production des pièces de dépenses ne s'effectue légalement que par l'envoi direct ou le dépôt des comptes, factures et autres documents exigés par les règlements, marchés ou conventions.

La date de cette production est constatée par l'inscription sur les registres de l'ordonnateur. Elle est reproduite sur les pièces elles-mêmes.

ART. 55.

Tout créancier a le droit de se faire délivrer par l'ordonnateur un bulletin énonçant la date de sa demande et les pièces produites à l'appui.

Ce bulletin est dressé d'après les registres mentionnés à l'article précédent.

ART. 56.

L'exercice auquel appartiennent les dépenses spécifiées ci-après est déterminé, savoir :

1° Pour les secours temporaires et éventuels, par l'année indiquée dans la décision accordant les secours;

2° Pour les subventions à des établissements publics, par l'imputation spécifiée dans la décision allouant les subventions;

3° Pour les intérêts à la charge de l'établissement, par l'époque de leur échéance;

4° Pour les condamnations prononcées contre les établissements, par la date des décisions judiciaires, jugements et arrêts définitifs ou de l'acte administratif d'acquiescement à un jugement non définitif;

5° Pour les créances qui ont été l'objet d'une transaction, par la date de la transaction ;

6° Pour les fournitures effectuées en vertu de marchés stipulant des formalités de réception définitive après livraison, par la date de la liquidation, quant aux acomptes payables en cours d'exécution, et par celle de l'accomplissement des formalités précitées, quant aux parfaits payements;

7° Pour les sommes dues aux entrepreneurs de travaux et dont le payement a été ajourné, à titre de retenues de garanties, par la date du certificat de réception définitive;

8° Pour les prix d'acquisition d'immeubles :

Lorsqu'il y a eu adjudication publique, par la date du jugement ou du procès-verbal d'adjudication;

Lorsqu'il y a eu acquisition amiable ou accord sur une indemnité d'expropriation, par la date du contrat;

Lorsqu'il y a eu expropriation non suivie de convention amiable ou cession amiable sans accord sur le prix, par la date de l'ordonnance du magistrat directeur du jury dont la délibération a réglé le montant de l'indemnité;

Lorsque le titre d'acquisition a stipulé exceptionnellement des termes de payement, par l'époque des échéances;

9° Pour les loyers, par la date du jour qui précède l'échéance de chaque terme;

10° Pour les frais de poursuites et d'instances et autres frais à rembourser aux comptables qui en ont fait l'avance en vertu des lois et règlements, par la date d'émission des mandats;

11° Pour les restitutions des sommes indûment portées en recette dans le budget de l'établissement, par la date des décisions qui ont autorisé chaque restitution.

ART. 57.

Les frais accessoires se rapportent au même exercice que la dépense principale.

ART. 58.

Les traitements se payent par mois ou par trimestre à terme échu, tous les mois étant indistinctement comptés pour 30 jours.

En cas de décès d'un fonctionnaire ou agent ou de cessation d'activité dans le cours d'un mois, il est produit un décompte établisssant la somme due en raison du nombre des jours de service. Le jour du décès est compris dans le décompte.

ART. 59.

Les sommes payées à titre de traitement fixe ou éventuel, de préciput, de supplément de traitement, de remises proportionnelles, de salaires annuels ou constituant à tout autre titre un émolument personnel sont passibles de retenues pour pensions civiles aux termes de l'article 3 de la loi du 9 juin 1853, c'est-à-dire de la retenue de 5 o/o sur les émoluments mensuels et de la retenue du premier douzième de chaque augmentation. Les retenues pour congés ou pour mesures disciplinaires sont calculées conformément aux dispositions des articles 68 et 69 du Règlement du 16 octobre 1867.

ART. 60.

La rétribution allouée aux agents comptables sur le budget des Facultés ou établissements assimilés et des Corps de Facultés est calculée sur les dépenses d'après le tarif ci-après :

A Paris, à raison de 0 fr. 50 p. o/o;

Dans les départements, y compris Alger, à raison de 1 franc p. o/o sur les premiers 25,000 francs et 0 fr. 50 p. o/o sur le surplus des dépenses.

Cette rétribution est calculée isolément pour chaque Faculté ou établissement assimilé et Corps de Facultés. Le minimum de la rétribution est fixé à 50 francs pour chaque Faculté ou établissement assimilé et Corps de Facultés (*modèles n°s 19 et 19 bis.*)

ART. 61.

Le taux des intérêts à la charge de l'établissement sur les diverses natures de créances ou de valeurs qui en sont productives, est fixé par les lois, décrets, ordonnances, traités, conventions, arrêts et jugements exécutoires.

Dans les liquidations d'intérêts à la charge de l'établissement, l'année est comptée conformément au calendrier grégorien, c'est-à-dire que chaque jour représente 1/365ᵉ du taux de l'intérêt d'un an, ou 1/366ᵉ, si l'année est bissextile.

ART. 62.

Le point de départ est déterminé, pour l'établissement des décomptes, par les fixations de date contenues dans les conventions, jugements ou autres actes d'où résultent les droits des créanciers, ou conformément à la loi.

En cas d'expropriation pour cause d'utilité publique, les intérêts de l'indemnité de dépossession sont calculés à partir de l'expiration des six mois qui ont suivi la décision du jury, quand même il n'aurait pas été pris possession de l'immeuble; ces intérêts remontent à l'époque de la prise de possession, si elle a eu lieu avant l'expiration des six mois.

ART. 63.

A moins qu'il n'en soit autrement disposé par les actes ou conventions, le décompte des intérêts est fait jusqu'au jour inclusivement à partir duquel le mandat de payement du prix principal mis à la disposition du créancier peut être admis à la caisse du comptable.

ART. 64.

Toute liquidation concernant un remboursement de trop perçu doit relater la date de l'encaissement par l'établissement, la somme à rembourser et indiquer l'imputation donnée à ce remboursement.

§ 2. — *Mandatement des dépenses.*

ART. 65.

Aucune dépense ne peut être acquittée que sur un mandat délivré par l'ordonnateur. Le mandat tient lieu de lettre d'avis au titulaire de la créance. La partie prenante donne quittance sur le mandat.

ART. 66

Les signatures des ordonnateurs sont notifiées aux comptables, savoir :

La signature du doyen ou directeur et, quand il y a lieu, celle de l'assesseur, par le recteur.

Celle du recteur par le Ministre de l'Instruction publique; celle du vice-président du Conseil général par le recteur.

Nul payement ne peut être ordonné en dehors des crédits prévus au budget ou ouverts dans le cours de l'exercice par décisions spéciales du Ministre.

Tout mandat (*modèles n°s 5 et 5 bis*) fait connaître le budget, l'exercice, la décision ministérielle qui a ouvert le crédit (pour les crédits qui n'ont pas été l'objet d'une décision spéciale, la date de la décision ministérielle est la date même de l'approbation du budget par le Ministre), l'article du budget auquel s'applique la dépense. (Voir pour les changements d'imputation modèles n°⁵ 7 et 7 *bis*.)

L'ordonnateur adresse à l'agent comptable, toutes les fois qu'il émet des mandats sur sa caisse, un bordereau d'émission de ces mandats. A ce bordereau sont jointes les pièces justificatives des dépenses et les mandats eux-mêmes, lesquels doivent être renvoyés sans délai revêtus du visa de l'agent comptable.

Mention est faite sur chaque mandat des pièces justificatives produites à l'appui de la dépense.

ART. 67.

Le mandat de payement doit contenir toutes les indications de noms et de qualités nécessaires pour permettre au comptable de reconnaître l'identité du créancier.

ART. 68.

La partie prenante dénommée dans un mandat de payement doit toujours être le créancier réel, sous réserve des dispositions concernant le payement des dépenses faites par des régisseurs, c'est-à-dire la personne qui a fait le service, effectué les fournitures ou travaux, et qui a un droit à exercer soit contre la Faculté ou l'École, soit contre le Corps des Facultés.

Il ne doit pas être émis de mandat, soit au nom du mandataire d'un créancier, soit au nom du cessionnaire d'une créance.

Les mandats délivrés après le décès d'un créancier au profit de ses héritiers ne désignent pas chacun d'eux, mais portent seulement cette indication générale : *Les héritiers*.

ART. 69.

Les mandats sont datés et chacun d'eux porte un numéro d'ordre. La série des numéros d'ordre est unique par exercice.

Chaque mandat ne peut comprendre qu'une seule créance individuelle ou collective.

ART. 70.

En cas de perte d'un mandat, il est délivré un duplicata sur la déclaration motivée (T) de la partie intéressée et d'après l'attestation écrite de l'agent comptable, portant que le mandat n'a pas été acquitté par lui.

Des copies certifiées de la déclaration de la partie prenante et de l'attestation de non-payement sont remises par l'agent comptable à l'ordonnateur qui les garde pour sa justification. Les originaux sont joints au payement.

10

ART. 71.

Tout mandat de payement doit être appuyé des pièces qui constatent que leur effet est d'acquitter, en tout ou en partie, une dette de l'établissement régulièrement justifiée.

Il ne peut être dérogé à cette règle que pour les avances autorisées en vertu de l'article 96 du présent règlement et dont la justification est fournie conformément à l'article 102.

ART. 72.

Les pièces justificatives mentionnées à l'article précédent doivent être :

Pour les dépenses du personnel :

Traitements, salaires, honoraires, indemnités, frais de tournées, vacations et secours . . . .
{ États nominatifs énonçant :
L'emploi,
Le service fait,
La durée du service,
La somme due en vertu des lois, décrets, règlements, délibérations, décisions et arrêtés.

Pour les dépenses du matériel :

Achats et loyers d'immeubles et d'objets mobiliers; achats de denrées et matières; travaux de construction, d'entretien et de réparation de bâtiments, travaux de confection, d'entretien et de réparation d'objets mobiliers . . . .
{ 1° Copies ou extraits, s'il y a lieu, et dûment certifiés, des actes approbatifs ; copies des contrats de vente, soumissions ou procès-verbaux d'adjudication, des baux, conventions ou marchés;
2° Décompte de livraison, de règlement et de liquidation énonçant le service fait et la somme due pour acompte ou pour solde.

ART. 73.

L'acquittement des dépenses est justifié par les agents comptables conformément aux dispositions rappelées ci-dessus et aux prescriptions de la nomenclature qui fait suite au présent règlement.

Il n'est question, dans cette nomenclature, que des pièces qui, indépendamment du mandat, sont nécessaires pour justifier de la légalité et de la réalité de la dépense, ainsi que de la validité du payement à la personne dénommée dans le mandat.

En cas de payement à des ayants droit ou représentants du titulaire, les comptables doivent exiger, sous leur responsabilité et d'après le droit commun, les pièces constatant, selon les cas, les qualités et droits des parties prenantes.

ART. 74.

Lorsqu'il s'agit de services non prévus dans la nomenclature, ou de cas spéciaux pour lesquels les règlements et instructions ont dû laisser aux comptables, sous leur responsabilité, le soin d'exiger les pièces nécessaires, les justifications produites à l'appui des mandats doivent toujours constater la régularité de la dette et celle du payement.

ART. 75.

Les pièces justificatives produites à l'appui d'un mandat doivent être revêtues du visa de l'ordonnateur.

ART. 76.

L'usage d'une griffe est interdit pour toute signature à apposer sur les mandats et pièces justificatives.

ART. 77.

Les sommes en chiffres inscrites dans le corps d'un mandat ainsi que de toute pièce à l'appui, doivent être énoncées en toutes lettres, quant à leur montant, dans l'arrêté de l'ordonnateur.

ART. 78.

Les pièces justificatives de dépenses qui présentent des ratures ne peuvent être admises sans une mention d'approbation du nombre (en toutes lettres) des mots rayés comme nuls, signée, selon le cas, par ceux qui ont arrêté les mémoires, états ou souscrit les quittances et par l'ordonnateur qui a visé les pièces. Tout renvoi ayant pour objet d'ajouter des énonciations omises doit être également approuvé sous les mêmes signatures. L'approbation ne peut être considérée comme valable, si la rectification en est simplement interlignée au-dessous de la signature primitive, sans apposition d'une nouvelle signature.

10.

ART. 79.

Les actes notariés produits pour la justification des droits des créanciers soit des Facultés ou Écoles, soit des Corps de Facultés, doivent porter l'empreinte du sceau des notaires qui les ont dressés et la signature du notaire doit être légalisée, s'ils proviennent d'un département autre que celui où s'effectue le payement.

ART. 80.

Tout titre de créance et toute pièce à l'appui qui, étant annexés à un mandat de payement, énoncent des quantités en poids ou mesures, doivent être rejetés, si ces quantités sont exprimées autrement qu'en poids et mesures du système décimal, conformément à la loi du 4 juillet 1837.

ART. 81.

Dans tous les cas où les énonciations contenues dans les pièces produites par l'ordonnateur ne seraient pas suffisamment précises, le comptable est autorisé à réclamer de lui des certificats administratifs qui complètent ces énonciations.

ART. 82.

Les titres produits pour la justification des dépenses, notamment les mémoires des entrepreneurs et fournisseurs, doivent indiquer la date précise, soit de l'exécution des services et travaux, soit de la livraison des fournitures.

ART. 83.

Toute pièce produite à l'appui d'un mandat de payement pour justification des droits du créancier, et dont la désignation est suivie de la lettre (T) dans la nomenclature, est assujettie au droit du timbre établi en raison de la dimension des papiers. (*Loi du 13 brumaire an VII, art. 12.*)

ART. 84.

Les factures ou mémoires qui accompagnent les mandats de payement doivent toujours être rédigés sur papier timbré suivant la dimension. Le prix du timbre ne doit pas être ajouté au montant du mémoire.

ART. 85.

Pour les dépenses qui n'excèdent pas 10 francs dans leur totalité, la production des factures et mémoires de fournitures ou travaux n'est pas exigible quand le détail des fournitures ou travaux est présenté dans le mandat.

ART. 86.

A défaut de conventions spéciales, le montant des mandats délivrés pour un service en cours d'exécution et donnant lieu au payement d'acomptes ne doit pas excéder les cinq sixièmes des droits constatés par pièces régulières présentant le décompte provisoire ou définitif du service fait.

ART. 87.

Lorsqu'il est mandaté des acomptes sur une dépense, le premier mandat doit être appuyé des pièces qui constatent le droit du créancier au payement de ces acomptes. Pour les acomptes subséquents, les mandats rappellent les justifications déjà produites et relatent les mandats précédemment délivrés. Ces justifications sont complétées, au besoin, lors du solde de la dépense.

En cas de payement intégral, la totalité des pièces justificatives doit être fournie à l'appui.

ART. 88.

Toutes les fois que les pièces justificatives désignées dans la nomenclature se rapportent à plusieurs payements distincts à effectuer par le même comptable, elles peuvent n'être produites qu'une fois; mais, dans ce cas, chaque mandat de payement auquel elles sont applicables doit énoncer le numéro et la date du mandat auquel elles ont été jointes; le comptable doit indiquer, en outre, la date du payement à l'appui duquel elles sont produites à la Cour, sans que la production de ces pièces puisse être différée au delà de l'époque de la clôture de l'exercice.

Cette règle n'est pas applicable aux acomptes d'une entreprise pour laquelle les pièces justificatives peuvent être rattachées au payement pour solde. *(Art. 36 de la nomenclature annexée au règlement du 16 octobre 1867 — règlement du Ministère de l'Instruction publique —).*

ART. 89.

Les traitements ou allocations passibles de retenues sont mandatés pour leur montant brut, et il est fait mention spéciale des retenues à exercer pour le service des pensions civiles.

ART. 90.

Les mémoires ou factures de fournitures d'objets matériels et les mémoires des travaux et services se rapportant au matériel, doivent être totalisés en chiffres et arrêtés en toutes lettres; ils sont datés et signés par les créanciers, et le domicile de ces derniers doit y être indiqué.

ART. 91.

L'arrêté de liquidation des mémoires et factures de toute fourniture d'objets matériels doit contenir : 1° un certificat de réception de ces objets soit par le secrétaire de la Faculté ou École ou du Corps des Facultés, en ce qui concerne le service administratif ou général, soit par le professeur chargé du service d'enseignement auquel se rapporte la dépense ou de l'un des fonctionnaires de ce service, certificat relatant le numéro du registre tenu par le fonctionnaire pour les objets qu'il doit prendre en charge; 2° mention du numéro de l'inscription desdits objets sur l'inventaire ou sur le catalogue, pour ceux dont la nature comporte cette formalité.

ART. 92.

Le mandat de premier payement, délivré au nom de tout entrepreneur ou fournisseur assujetti à un cautionnement matériel, doit être appuyé, à défaut de pièces constatant la réalisation du cautionnement, d'une déclaration de l'ordonnateur faisant connaître la date de la réalisation de la garantie exigée et la nature des valeurs qui y ont été affectées.

ART. 93.

La production des tarifs annuels qui servent de base à la liquidation des fournitures faites par l'Imprimerie nationale est exigible pour le premier payement de chaque année, et l'on y renvoie pour les payements suivants.

ART. 94.

Dans le cas où, par suite d'erreurs ou de circonstances imprévues, les acomptes payés excéderaient le montant d'une créance définitivement liquidée, les pièces justificatives de la dépense devraient être, sur la demande de l'ordonnateur et par les soins du comptable, rattachées au dernier payement à l'appui duquel il serait justifié, en outre, soit du reversement des sommes payées en trop, soit de l'inscription desdites sommes parmi les créances de l'établissement.

ART. 95.

Lorsqu'une entreprise est résiliée, abandonnée ou continuée en régie et qu'il n'y a pas lieu de payer un solde à l'entrepreneur, l'ordonnateur doit remettre au comptable, aussitôt après le règlement définitif, un décompte établissant la liquidation de l'entreprise.

§ 3. — *Avances pour menues dépenses de matériel.*

ART. 96.

Le doyen ou directeur et le président du Conseil général des Facultés désignent, s'il y a lieu, chaque année, à l'époque de la préparation du budget et pour les services qui leur paraissent le requérir, les régisseurs qui, au moyen d'avances mises à leur disposition sur mandats de l'ordonnateur, et à charge de rapporter dans le mois à l'agent comptable les acquits des créanciers réels et les pièces justificatives, seront chargés de payer les menues dépenses de la Faculté ou École et du Corps des Facultés.

Ces régisseurs sont délégués pour toute la durée du prochain exercice. Le renouvellement de leur délégation pour les exercices suivants est facultatif, sous la réserve que la nouvelle délégation fasse chaque fois l'objet d'une décision spéciale.

Le doyen ou directeur et le président du Conseil général des Facultés peuvent, sans qu'il soit nécessaire d'attendre l'époque de la préparation du budget, pourvoir au remplacement des régisseurs qui, soit par convenance personnelle, soit pour cause de mauvaise gestion, soit pour tout autre motif, ne sauraient continuer leur service de régie.

Les décisions portant désignation et remplacement des régisseurs sont notifiées directement à l'agent comptable par le doyen ou directeur, ou par le président du Conseil général des Facultés.

ART. 97.

Aucune allocation ne peut être attribuée sur les fonds des Facultés ou Écoles et des Corps de Facultés aux fonctionnaires ou agents en leur qualité de régisseurs.

ART. 98.

Les agents des services régis par économie doivent restreindre les payements à faire au moyen des avances mises à leur disposition aux menus achats et autres dépenses, qui, par leur peu d'importance ou par leur nature, ne sont pas susceptibles d'opposition et ne sauraient donner lieu à des mandatements directs et qui se soldent immédiatement.

Les dépenses qui donnent lieu à plusieurs payements partiels doivent toujours être acquittées en entier suivant le même mode.

ART. 99.

La quotité *maximum* des avances est fixée comme il suit :

PARIS.

1° *Facultés :*

Services administratifs et généraux.................................. 150^f
Laboratoires, services des travaux pratiques d'étudiants et cliniques...... 150

2° *Corps des Facultés :*

Service administratif.................................. 50
Bibliothèque universitaire.................................. 50
Laboratoires et autres services communs.................................. 150

DÉPARTEMENTS.

1° *Facultés :*

Services administratifs et généraux.................................. 50
Laboratoires, services des travaux pratiques d'étudiants et cliniques...... 100

2° *Corps des Facultés :*

Service administratif.................................. 20
Bibliothèques universitaires.................................. 25
Laboratoires et autres services communs.................................. 100

En ce qui concerne les instituts ou jardins botaniques, ainsi que les laboratoires situés hors de la ville où siège la Faculté ou le Corps de Facultés, le maximum des avances est fixé par décision spéciale du Ministre de l'Instruction publique, sur la proposition du doyen ou du président du Conseil général des Facultés.

ART. 100.

Les avances ne peuvent s'appliquer qu'aux dépenses ci-après :

Impressions et frais de bureau ;
Achat de timbres-poste, affranchissements, frais de transport et de colis ;
Frais matériels des examens ;
Fournitures courantes pour les cours, laboratoires et travaux pratiques (*produits chimiques, verreries, etc., ne pouvant donner lieu à marchés*);
Achat et nourriture des animaux ;
Salaires d'ouvriers, de jardiniers et gens de service à la journée.
Blanchissage de linge ;
Menues dépenses du service général.

ART. 101.

Tout mandat émis au nom d'un régisseur spécifie la nature du service auquel l'avance est destinée.

L'agent comptable en impute immédiatement le montant, à titre de dépense définitive, sur les crédits correspondants du budget, sauf la production ultérieure par le régisseur du compte de l'emploi des fonds, appuyé des pièces justificatives.

ART. 102.

Pour justifier de cet emploi, les régisseurs forment des bordereaux en double expédition (*modèles n°ˢ 10 et 10 bis*) des pièces ou quittances fournies par les parties prenantes, en y joignant, s'il y a lieu, le récépissé du reversement de la somme non employée ou non justifiée; ils soumettent ces bordereaux à la signature et au visa de l'ordonnateur et les produisent ensuite, avec les pièces à l'appui, à l'agent comptable qui leur remet une expédition desdits bordereaux, après l'avoir revêtue de sa déclaration de réception.

ART. 103.

Aucune nouvelle avance ne peut, dans les limites ci-dessus fixées, être faite par l'agent comptable, qu'autant que toutes les pièces justificatives de l'avance précédente lui auraient été fournies ou que la portion de cette somme dont il resterait à justifier aurait moins d'un mois de date.

11

ART. 104.

Tout régisseur mis dans l'obligation de suspendre ou de cesser sa régie par suite de promotion, mutation, changement de résidence, congé, etc., doit jus tifier sans retard et avant l'expiration du mois imparti, de l'emploi de l'avance dont il est détenteur ; il doit en même temps reverser, s'il y a lieu, le reste disponible.

ART. 105.

En cas de retard de la part d'un agent des services régis par économie, dans la remise des bordereaux et pièces justificatives qu'il doit produire au comptable, ce dernier en informe par écrit l'ordonnateur, qui est chargé de prendre les dispositions nécessaires pour faire cesser ce retard, ou de prescrire le reversement du montant de l'avance non justifiée.

ART. 106.

Les reversements de fonds provenant de remboursements d'avances sont effectués d'office ou en vertu d'un ordre de reversement dressé dans la forme des modèles n° 8 et 8 *bis*. Ils sont suivis à la diligence des ordonnateurs.

Le montant de ces reversements est porté au crédit du compte des services hors budget : *recettes en atténuation de dépenses budgétaires ;* il est ensuite rétabli aux crédits budgétaires par voie d'annulation de la dépense correspondante qu'on réimpute au débit du même compte.

§ 4. — *Payement des dépenses.*

ART. 107.

L'acquittement des dépenses est assuré, sans distinction d'exercice, au moyen des recettes de toute nature recouvrées pour le compte de l'établissement.

ART. 108.

Avant de procéder au payement des mandats émis sur sa caisse ou de les viser pour payement, le comptable doit s'assurer, sous sa responsabilité, que toutes les formalités déterminées par les lois et règlements ont été observées, que toutes les justifications désignées tant par la nomenclature que par l'ordonnateur sont produites et qu'il n'existe, à ce point de vue, aucune omission ou irrégularité matérielle.

ART. 109.

Le comptable doit s'assurer également que la date et l'objet de la dépense constatent une charge de l'exercice et de l'article sur lequel on l'impute.

ART. 110.

L'agent comptable doit, sous sa responsabilité, examiner avec le plus grand soin les mandats avant de les acquitter. Son devoir est de vérifier s'ils sont réguliers de tous points et s'ils n'excèdent pas les crédits ouverts. Tout mandat présentant dans sa partie manuscrite des ratures ou renvois non approuvés doit être refusé par l'agent comptable et ne peut donner lieu à payement qu'après régularisation par le signataire.

ART. 111.

Le comptable est tenu, sous sa responsabilité, de s'assurer de l'identité des parties prenantes. Tout mandat appuyé de justifications complètes et régulières et qui n'excède pas la limite du crédit sur lequel il doit être imputé, est payable sur la quittance de la partie prenante ou de son représentant dûment autorisé. La procuration doit être jointe au mandat acquitté.

ART. 112.

Le payement des mandats doit être suspendu par le comptable dans le cas : 1° d'insuffisance de fonds appartenant à l'établissement; 2° d'absence de crédit ou d'insuffisance de crédit ouvert au budget; 3° d'opposition dûment signifiée; 4° de difficultés touchant à la validité de la quittance.

En dehors de ces cas, aucun refus de payement ne peut avoir lieu que pour cause d'omission ou d'irrégularité matérielle dans les pièces justificatives de la dépense ou à raison de difficultés résultant des constatations prescrites par l'article 51.

Il y a irrégularité matérielle, soit lorsque les indications de noms, de services ou de sommes portés dans le mandat, ne sont pas d'accord avec celles qui résultent des pièces justificatives y annexées, soit lorsque ces pièces ne sont pas conformes aux règlements ou aux indications mêmes de l'ordonnateur, soit enfin lorsque la comparaison des divers éléments de la dépense payée ou à payer fait ressortir un double emploi.

ART. 113.

Les motifs de tout refus ou retard de payement doivent être énoncés dans une déclaration écrite et immédiatement délivrée par le comptable au porteur du mandat et à l'ordonnateur.

Si l'ordonnateur requiert par écrit et sous sa responsabilité personnelle qu'il soit passé outre au payement, l'agent comptable y procède immédiatement et il annexe au mandat, avec une copie de la déclaration, l'original de la réquisition qu'il a reçue. En ce qui concerne la Faculté ou École, le doyen ou directeur informe de suite le recteur, des circonstances qui ont accompagné la réquisition. Quant au Corps des Facultés, il est référé au Ministre de l'Instruction publique par le président du Conseil général des Facultés.

Toutefois le droit de réquisition accordé à l'ordonnateur ne pourra jamais s'exercer quand le refus de payement du comptable sera fondé sur l'un des motifs énoncés au paragraphe 1er de l'article précédent.

ART. 114.

Tout comptable qui aurait indûment refusé ou retardé un payement régulier, ou qui n'aurait pas délivré au porteur du mandat la déclaration motivée de son refus, est responsable des dommages qui peuvent en résulter.

ART. 115.

Les agents comptables doivent se conformer aux dispositions suivantes, en ce qui concerne les quittances à fournir par les parties prenantes :

1° La quittance est apposée sur le mandat ; elle ne doit contenir ni restrictions ni réserves. Quand le mandat est quittancé par le créancier, il n'est pas nécessaire qu'il soit fourni une quittance isolée et distincte sur la facture ou mémoire ;

2° Lorsque la quittance est produite séparément, comme il arrive si elle doit être extraite d'un registre à souche ou à talon, ou si elle se trouve au bas des factures, mémoires ou contrats, le mandat n'en doit pas moins être quittancé *pour ordre* et *par duplicata*, la décharge soit de la Faculté ou de l'École, soit du Corps des Facultés ne pouvant être séparée de l'ordonnancement qui a ouvert le droit ;

3° Toute quittance doit être datée et signée par la partie prenante, devant le comptable, au moment même du payement ; si la partie n'est capable que de signer son nom, la date de la quittance est inscrite par le comptable ;

4° Si la partie prenante est illettrée ou dans l'impossibilité de signer, la déclaration en est faite à l'agent du payement, qui la transcrit sur le mandat, la signe et la fait signer par deux témoins présents au payement, pour toutes sommes de 150 francs et au-dessous ; il doit être exigé une quittance authentique et soumise à la formalité de l'enregistrement pour tout payement au-dessus de 150 francs, sauf en ce qui concerne les secours ;

5° Lorsqu'il s'agit de payements collectifs, il peut être suppléé aux quittances individuelles par des états d'émargement dûment certifiés ;

6° En matière d'expropriation pour cause d'utilité publique, les quittances peuvent, comme les contrats, être passés dans la forme des actes administratifs ;

7° Les payements faits aux comptables de deniers publics, en cette qualité, donnent lieu à la délivrance d'une quittance à souche ou d'un récépissé à talon, dans tous les cas où cette formalité est prescrite par les lois et règlements.

8° Les états nominatifs de la liquidation, dans le cas où chaque titulaire ne recevrait pas personnellement de l'agent comptable la somme qui lui revient, doivent porter, outre l'émargement des ayants droit, l'acquit de la personne autorisée à recevoir en leur nom le montant du mandat.

ART. 116.

En ce qui concerne les mandats de payement délivrés au nom d'un créancier décédé, il appartient au comptable d'exiger les titres justificatifs des qualités des ayants droit.

Les sommes de 50 francs et au-dessous pourront être payées sur la production d'un certificat du maire délivré sur papier timbré et énonçant que les parties y dénommées ont seules droit de toucher la somme due en qualité d'héritiers. La signature du maire, dans les départements autres que celui de la Seine, devra être légalisée.

Chacun des ayants droit peut toucher séparément la somme lui appartenant.

ART. 117.

Le traitement d'un fonctionnaire ou agent absent pour cause d'altération de facultés mentales et traité dans un établissement public, peut être payé, sauf déduction des retenues prescrites, sur l'acquit du receveur de cet établissement, appuyé d'une quittance à souche et sur la production d'un certificat de vie du

malade, délivré par le directeur de l'établissement, dont la signature doit être
légalisée par le maire de la commune. Le mandat de payement doit, en outre,
être visé par celui des membres de la commission administrative qui remplit les
fonctions d'administrateur provisoire : à Paris, ces fonctions sont remplies par
le directeur de l'Assistance publique.

ART. 118.

Les reçus, quittances ou décharges sous seing privé, autres que ceux donnés
pour l'ordre de la comptabilité, sont passibles du timbre de *dix centimes* établi
par l'article 18 de la loi du 23 août 1871, sauf les exemptions déterminées en
exécution des lois, par les décisions et instructions du Ministre des finances.

ART. 119.

L'apposition et l'oblitération des timbres mobiles de quittance sont effectuées
par les comptables, suivant les formes tracées par les règlements d'administration publique.

Sont considérées comme non timbrées les quittances sur lesquelles le timbre
mobile aurait été apposé sans l'accomplissement des conditions réglementaires
ou sur lesquelles aurait été apposé un timbre ayant déjà servi.

ART. 120.

Si le titulaire d'un mandat n'est qu'un intermédiaire administratif entre l'établissement intéressé ou le Corps des Facultés et ses créanciers, la quittance
qu'il donne en touchant les fonds est une formalité d'ordre qui ne nécessite pas
le timbre, mais il est exigé, lorsqu'il y a lieu, sur les quittances des créanciers
réels, que l'intermédiaire est tenu de rapporter et de produire à l'agent comptable.

ART. 121.

En ce qui concerne les traitements ou allocations passibles de retenues,
l'agent comptable chargé du payement du mandat l'impute en dépense pour
son montant intégral, et il constate en recette le produit des retenues à un
compte ouvert aux services hors budget et intitulé : *retenues sur traitements pour
le service des pensions civiles*.

Le versement de ces retenues a lieu chaque mois à la caisse du receveur des
finances sur la production, comme titre de perception provisoire, d'un dupli-

cata de l'état de traitement certifié par l'ordonnateur et indiquant le montant et la nature des retenues à exercer (*modèles n°* *27 et 27 bis*).

A la fin du mois de décembre, l'agent comptable doit produire comme titre de perception définitif, dans la forme des états de traitements, un état nominatif des fonctionnaires, certifié par l'ordonnateur et visé par le recteur, présentant la récapitulation des retenues de toute l'année (*modèles n°* *28 et 28 bis*).

L'agent comptable fait dépense des retenues versées chaque mois au receveur des finances au compte prévu à cet effet aux services hors budget et il justifie cette dépense par le récépissé qui lui est remis au moment du versement.

ART. 122.

Les traitements ou allocations ordonnancés sur la caisse de l'agent comptable peuvent être valablement frappés d'oppositions entre ses mains. Ils sont saisissables jusqu'à concurrence d'un cinquième sur les premiers 1,000 francs et toutes les sommes au-dessous, d'un quart sur les 5,000 francs suivants et d'un tiers sur la portion excédant 6,000 francs, à quelque somme qu'elle s'élève et jusqu'à l'entier acquittement des créances (*Loi du 21 ventôse an ix*).

La retenue doit être calculée sur le chiffre brut du traitement sans déduction du prélèvement pour retraite ou pour congé.

La portion saisissable des traitements ou allocations arrêtée entre les mains de l'agent comptable est précomptée par lui au moment même du payement et constatée dans ses écritures au compte « *retenues en vertu d'oppositions* » ouvert parmi les services hors budget. A la fin du mois il verse d'office le montant des retenues à la caisse du receveur des finances, préposé de la Caisse des dépôts et consignations, et remet à l'appui de son dépôt un extrait certifié des oppositions et un état nominatif indiquant pour chaque partie saisie le montant du traitement et le montant des retenues. Ce versement est constaté au livre de détail des dépenses « *services hors budget* », et justifié au moyen du récépissé délivré par le préposé de la Caisse des dépôts et consignations.

ART. 123.

Les dépenses de matériel assignées payables sur la caisse de l'agent comptable peuvent être frappées d'opposition, transports ou cessions; les sommes ainsi arrêtées entre ses mains qui resteraient à payer à la clôture de l'exercice seront reportées au budget de l'exercice suivant.

Les sommes ordonnancées sur la caisse des agents comptables des Facultés ou établissements assimilés et des Corps de Facultés ne peuvent être versées à la Caisse des dépôts et consignations que dans les cas suivants :

1° Lorsque le dépôt a été autorisé par une loi;

2° Lorsqu'il a été prescrit par un jugement ou par une ordonnance du président du tribunal (il n'est pas nécessaire que le jugement soit rendu avec toutes les parties et soit signifié aux opposants, un créancier a le droit de demander la consignation dans l'intérêt de tous);

3° Lorsqu'il a été autorisé par acte passé entre l'Administration et les créanciers, par exemple dans le cahier des charges d'une adjudication de travaux ou dans un marché passé avec un entrepreneur (*Ordonnance du 16 septembre 1837 et arrêté du Ministre des finances du 24 octobre suivant*).

ART. 124.

Les secours ne sont saisissables que dans les conditions déterminées par l'article 582 du Code de procédure civile.

ART. 125.

Les reversements de fonds provenant, soit de restitutions pour cause de trop payé à des créanciers de l'établissement, soit de remboursement d'avances dans le cas prévu par l'article 106 du présent règlement, sont prescrits par l'ordonnateur, qui délivre un ordre de reversement (*modèles n°ˢ 8 et 8 bis*).

ART. 126.

Lors de la clôture de l'exercice, l'agent comptable remet à l'ordonnateur un état détaillé des sommes restant à payer (*modèles n°ˢ 21 et 21 bis*), en indiquant la nature de la créance, le nom des créanciers et la somme due; il y joint les pièces justificatives des dépenses non acquittées.

TITRE VI.

Écritures et comptes.

§ 1ᵉʳ. — *Écritures de l'ordonnateur.*

ART. 127.

Les écritures de comptabilité administrative tenues par l'ordonnateur embrassent tout ce qui concerne :

1° La constatation des droits de l'établissement et le recouvrement des produits;

2° La liquidation, le mandatement et le payement des dépenses.

ART. 128.

L'ordonnateur tient un carnet d'enregistrement des titres de perception qu'il remet au comptable : ce carnet (*modèles n°ˢ 12 et 12 bis*) indique :

1° Les droits constatés au profit de l'établissement d'après les liquidations successives des créances à recouvrer, et la désignation du débiteur;

2° La date du titre de perception;

3° Le montant de la recette à effectuer;

4° L'article du budget auquel la recette doit être appliquée;

5° Les recouvrements opérés d'après les situations fournies par le comptable.

ART. 129.

Les livres de comptabilité administrative tenus pour suivre l'exécution du service des dépenses de l'établissement sont au nombre de quatre, savoir :

1° Un livre-journal des crédits (*modèles n°ˢ 13 et 13 bis*);

2° Un livre d'enregistrement des droits des créanciers (*modèles n°ˢ 14 et 14 bis*);

3° Un livre-journal des mandats délivrés (*modèles n°ˢ 15 et 15 bis*);

4° Un livre de comptes par nature de dépenses (*modèles n°ˢ 16 et 16 bis*).

Ils sont tenus par exercice.

Ils sont destinés à recevoir l'enregistrement successif, par créancier, des crédits, des droits constatés sur les services faits et des mandats délivrés, ainsi que l'inscription des payements effectués.

Livre-journal des crédits. — Le livre-journal des crédits reçoit l'enregistrement sommaire du montant des crédits ouverts par le budget et par les décisions ministérielles.

Livre des droits des créanciers. — Les droits acquis aux créanciers sont constatés par article sur le livre destiné à l'enregistrement de ces droits, aussitôt après que leur fixation est déterminée par le résultat des liquidations, et lors même que la délivrance des mandats de payement devrait être ajournée, soit en raison de l'absence des ayants droit, soit en cas de litige ou pour tout autre motif.

Livre-journal des mandats. — Le livre-journal des mandats délivrés est consacré à l'enregistrement immédiat et successif, par ordre numérique, de tous les mandats individuels ou collectifs émis par l'ordonnateur des dépenses.

Livre des comptes par nature de dépenses. — Le livre des comptes ouverts par nature de dépenses est destiné à rapprocher et à présenter sous un seul aspect les crédits du budget, les mandats délivrés et les payements effectués sur chacun des articles du budget.

Il est procédé à cet effet, pour les crédits et les mandats, au dépouillement par article : 1° du livre-journal des crédits ; 2° du livre-journal des mandats ; et quant au payement, les ordonnateurs doivent les constater sur le livre des comptes à la fin de chaque mois en une seule somme par article, d'après les relevés des mandats acquittés qu'ils reçoivent des agents comptables, dans les premiers jours du mois suivant.

§ 2. *Écritures de l'agent comptable.*

ART. 130.

Le percepteur ou receveur des droits universitaires, chargé des fonctions d'agent comptable de la Faculté ou établissement assimilé ou du Corps des Facultés tient ses écritures dans les mêmes formes que celles qui sont prescrites pour la comptabilité des communes.

ART. 131.

Ce comptable tient à cet effet :

Un journal à souche (modèle n° 294 de l'Instruction générale du 20 juin 1859);

Un livre de détail des recettes et des dépenses de chaque Faculté ou École ou du Corps des Facultés (modèles n°⁵ 17 et 17 bis);

Un livre des comptes divers sur lequel il ouvre un compte spécial de recettes et de dépenses à chaque Faculté ou École ou au Corps des Facultés (modèle n° 301 de l'Instruction générale du 20 juin 1859);

Enfin sa situation journalière provenant aussi bien de ses opérations pour le compte des Facultés ou Écoles ou du Corps des Facultés que de ses autres services, est résumée sur le *livre récapitulatif* (modèle n° 305 de l'Instruction générale du 20 juin 1859).

ART. 132.

Les recouvrements et les payements sont inscrits chaque jour au livre des comptes divers (1re section), au compte ouvert à chacune des Facultés ou Écoles ou au Corps des Facultés; quant aux dépôts en compte courant que les Facultés ou Écoles et les Corps de Facultés sont autorisés à faire au Trésor, et aux remboursements de ces dépôts, ils n'entrent pas dans la comptabilité desdits établissements; mais ils donnent lieu à l'ouverture d'un compte, par Faculté ou Corps de Facultés, à la 4° section du livre des comptes divers; les intérêts provenant des fonds placés en compte courant donnent lieu à la délivrance de quittances à souche par les agents comptables.

ART. 133.

Le livre de détail des recettes et des dépenses retrace jour par jour, et par chaque article du budget, le détail des recouvrements et des payements effectués. Les titres de perception, pour les recettes, et les émissions de mandats, pour les dépenses, y sont inscrits également dans les colonnes destinées à cet effet, à la date de réception de ces titres et des bordereaux d'émission. Ce livre présente ainsi, à tout instant, pour les dépenses, la situation des crédits ouverts, des mandats émis et des payements effectués.

ART. 134.

Dans les dix premiers jours de chaque mois, l'agent comptable doit remettre à l'ordonnateur un bordereau sommaire, par exercice et par article, des payements effectués sur ses mandats pendant le mois précédent (*modèles n°s 18 et 18 bis*).

Si aucun payement n'a été effectué, il doit être produit un bordereau négatif rappelant le total des sommes payées antérieurement. Ce bordereau présente également la situation sommaire des recouvrements effectués sur chaque article du budget.

ART. 135.

Indépendamment des recettes et des dépenses à effectuer en exécution du budget, le comptable est chargé de diverses opérations qui sont décrites dans ses écritures au moyen d'une série de comptes hors budget. Ces opérations se rapportent aux services ci-après :

1° Les avances faites sur les fonds de l'établissement, en dehors du budget, pour frais de poursuites relatifs aux produits, ainsi que le recouvrement de ces avances;

2° Les retenues sur traitements pour le service des pensions civiles;

3° Les retenues sur traitement pour opposition;

12.

4° Les retenues à divers titres autres que celles exercées pour le service des retraites ou pour opposition;

5° Les excédents de versements;

6° Les recettes à classer ou à vérifier;

7° Les recettes opérées par anticipation sur des exercices non ouverts ;

8° Les reversements pour trop payé sur les dépenses budgétaires ou pour avance ou portion d'avance faite à un service régi par économie et non employée, à rétablir aux crédits budgétaires.

ART. 136.

L'agent comptable fournit tous les trois mois au receveur des finances les bordereaux détaillés des recettes et des dépenses de chaque établissement, dans les formes prescrites par l'article 1296 de l'Instruction générale du 20 juin 1859.

ART. 137.

Le comptable établit d'après ses écritures à la date du 31 décembre ou au dernier jour de sa gestion en cas de mutation pendant l'année, une situation donnant le solde des fonds appartenant à l'établissement.

ART. 138.

La situation de caisse de l'agent comptable de la Faculté ou École et du Corps des Facultés, au 31 décembre de chaque année, est établie conformément au mode adopté pour le service des percepteurs receveurs municipaux. C'est-à-dire que le maire de la résidence de la Faculté ou École et du Corps des Facultés dresse le procès-verbal de vérification de caisse établissant le montant du numéraire et des valeurs existant dans la caisse du percepteur agent comptable, et visc en même temps le bordereau de situation sommaire qui doit y être joint, et qui fait ressortir la portion de l'encaisse correspondant au service de la Faculté ou École et du Corps des Facultés. Ces deux documents sont établis conformément aux modèles n°⁵ 308 et 311 de l'Instruction générale du 20 juin 1859.

§ 3. — Compte de l'ordonnateur.

ART. 139.

Le compte de l'ordonnateur est présenté chaque année, dans la forme des modèles n°⁵ 11 et 11 bis.

Dans le courant du mois d'avril et avant le vote du budget additionnel, dont le montant ne peut être fixé qu'après examen du compte de l'exercice précédent, le Conseil de chaque Faculté ou École doit donner son avis sur le compte de l'ordonnateur. De même, le Conseil général, en ce qui concerne le compte du Corps des Facultés.

Le compte de l'ordonnateur est définitivement approuvé par le Ministre de l'Instruction publique.

Un exemplaire de ce compte doit être joint au compte de l'agent comptable.

§ 4. — *Comptes de l'agent comptable.*

ART. 140.

Les comptes rendus par l'agent comptable présentent :

1° La situation du comptable envers les établissements au 1er janvier de l'année ;

2° Le rappel des opérations complémentaires effectuées au titre de l'exercice précédent du 1er janvier au 30 mars de l'année pour laquelle le compte est rendu ;

3° Le développement des autres opérations de toute nature, en recettes et en dépenses, effectuées pendant la même année, avec distinction des opérations budgétaires et des opérations hors budget ;

4° La situation du comptable envers l'établissement au 31 décembre.

Le comptable établit le compte des opérations complémentaires de chaque exercice aussitôt après sa clôture et comprend le développement distinct de ces opérations, en recette et en dépense, appuyées de leurs justifications dans le même document que le compte des opérations des douze premiers mois auxquelles elles sont réunies pour présenter, au moyen du rappel de la situation finale de l'exercice antérieur, des résultats à comparer avec ceux du compte rendu par l'ordonnateur pour chaque exercice.

Les recettes et les dépenses sont classées dans l'ordre des articles du budget.

ART. 141.

Chaque comptable n'est responsable que de sa gestion personnelle.

En cas de mutation, le compte de l'année est divisé suivant la durée de la gestion des différents titulaires ou intérimaires, et chacun d'eux rend séparément le compte des opérations qui le concernent.

ART. 142.

En cas de mutation, le compte de chaque comptable est appuyé des pièces justificatives afférentes aux faits de recette et de dépense qu'il doit décrire dans son compte.

Les opérations de chacun des comptables en fonctions dans le cours d'un même exercice sont rappelées au compte du comptable en fonctions à la fin de l'exercice.

ART. 143.

Les comptes doivent être dressés en double expédition. La minute destinée au comptable est soumise au droit de timbre lequel est à la charge de l'établissement.

Ils doivent être affirmés sincères et véritables tant en recette qu'en dépense, sous les peines de droit, et être datés et signés par le comptable ou par ses ayants cause. Ils doivent en outre être parafés sur chaque feuillet et ne pas offrir d'interlignes ; les renvois et les ratures doivent être approuvés et signés par le comptable.

Après la présentation d'un compte il ne peut y être fait aucun changement.

ART. 144.

Les comptes des agents comptables doivent être contrôlés dans leurs résultats et visés par les receveurs des finances.

ART. 145.

Le compte établi par le comptable est ensuite soumis à l'examen du Conseil de la Faculté ou établissement assimilé ou du Conseil général des Facultés en même temps que le compte d'administration de l'ordonnateur : le comptable tient, à cet effet, ses pièces de comptabilité à la disposition du Conseil, sans cependant s'en dessaisir.

Le Conseil prend une délibération spéciale sur les résultats du compte. Copie de cette délibération est produite à l'appui du compte.

ART. 146.

L'agent comptable joint à l'appui de son compte les pièces ci-après :

1° Le procès-verbal de la situation de la caisse au 31 décembre auquel est joint le bordereau de situation sommaire qui fait ressortir la portion de l'encaisse correspondant au service de la Faculté ou École ou du Corps des Facultés et qui doit être revêtu du visa de l'ordonnateur (*modèles n°ˢ 308 et 311 de l'Instruction générale du 20 juin 1859*) ;

2° Le budget de l'exercice (*modèles n°ˢ 1 et 1 bis*), et le budget additionnel (*modèles n°ˢ 2 et 2 bis*) ;

3° L'état des crédits supplémentaires (*modèles n°ˢ 24 et 24 bis*) ;

4° L'état des propriétés foncières, des rentes et créances composant l'actif de la Faculté ou École et du Corps des Facultés (*modèles n°ˢ 25 et 25 bis*) ;

5° Le bordereau sommaire des adjudications et marchés passés pour les fournitures et travaux pendant l'année (*modèles n°ˢ 26 et 26 bis*) ;

6° Copie de la délibération du Conseil de la Faculté ou établissement assimilé, ou du Conseil général des Facultés, prise conformément à l'article 145 du présent règlement.

Indépendamment des pièces principales indiquées ci-dessus, les agents comptables doivent produire, pour chacun des articles de recettes et de dépenses, les pièces justificatives (titres de perceptions, mandats acquittés, factures, mémoires, etc.) énumérées dans la nomenclature annexée au présent règlement.

Pour les recettes, les titres de perception sont classés par article et renfermés dans un bordereau détaillé qui en donne le nombre et le montant et présente également le détail des recouvrements effectués (*modèles n°ˢ 20 et 20 bis*) ; il est justifié des réductions portant sur les titres justificatifs au moyen de l'état de restes à recouvrer (art. 50).

Pour les dépenses, les mandats acquittés par les parties prenantes et les pièces justificatives à l'appui sont classés par articles, et renfermés dans des bordereaux détaillés qui font connaître le nombre des pièces jointes à chaque mandat et les sommes payées (*modèles n°ˢ 22 et 22 bis*).

Les bordereaux détaillés de recettes et de dépenses portent les numéros des articles du compte.

Un bordereau général des pièces produites à l'appui de son compte doit être dressé par l'agent comptable (*modèles n°ˢ 29 et 29 bis*).

ART. 147.

Le compte de gestion (*modèles n°ˢ 23 et 23 bis*) est certifié par l'agent comptable et visé par l'ordonnateur. Il est, quel que soit le chiffre des recettes et des dépenses, réglé et apuré par la Cour des comptes. Il est transmis à la Cour avec toutes les pièces justificatives, avant le 1er juillet de la seconde année de l'exercice.

ART. 148.

Une expédition des arrêts de la Cour des comptes sur les comptes des comptables des Facultés ou Écoles et des Corps de Facultés est adressée à ces comptables par l'intermédiaire du receveur des finances.

Une autre expédition est transmise aux doyens ou directeurs ou aux présidents des conseils généraux des Facultés par l'intermédiaire du Ministre de l'instruction publique.

ART. 149.

Les comptables et les établissements intéressés peuvent se pourvoir contre les arrêts de la Cour des comptes suivant les dispositions indiquées dans le décret du 31 mai 1862 portant règlement sur la comptabilité publique.

ART. 150.

Lorsqu'un agent comptable demande le remboursement de son cautionnement, il doit justifier de sa libération par un certificat du doyen ou directeur ou du président du Conseil général des Facultés dans la forme du modèle n° 257 de l'Instruction générale du 20 juin 1859, sans préjudice des autres pièces exigées par la nomenclature du règlement du Ministère des finances.

Fait à Paris, le 30 décembre 1893.

Le Ministre de l'Instruction publique,
des Beaux-Arts et des Cultes,
E. SPULLER.

Le Ministre des Finances,
A. BURDEAU.

TABLE

DU RÈGLEMENT DE COMPTABILITÉ.

ARRÊTÉ

*relatif à la désignation des agents comptables des Facultés
et des Corps de Facultés.*

LE MINISTRE DES FINANCES,

Vu les articles 11 des décrets du 10 août 1893 sur le régime financier des Facultés et des Corps de Facultés ;

ARRÊTE :

ARTICLE PREMIER.

Les fonctions d'agents comptables des Facultés et établissements assimilés et des Corps de Facultés seront remplies : à Paris et à Alger, par les receveurs des droits universitaires ; dans les départements, par les percepteurs désignés par le Ministre des Finances.

ART. 2.

Le présent arrêté sera déposé au bureau du contreseing, pour être notifié à qui de droit.

Fait à Paris, le 18 décembre 1893.

A. BURDEAU.

NOTICE

relative à l'acceptation des dons et legs et à la délivrance des legs.

I

ACCEPTATION DES DONS ET LEGS.

Toute libéralité par acte entre vifs ou testamentaire en faveur d'une Faculté ou établissement assimilé ou d'un Corps de Facultés ne peut être acceptée qu'en vertu d'un décret du Président de la République rendu en Conseil d'État.

C'est au doyen ou directeur qu'il appartient d'instruire chaque affaire, d'en former le dossier et de le faire parvenir au Ministre de l'Instruction publique par l'intermédiaire du recteur.

Pour un Corps de Facultés, l'affaire est instruite par le président du Conseil général des Facultés.

Qu'il s'agisse d'une donation ou d'un legs, le Conseil de la Faculté ou École, ou le Conseil général des Facultés, doit d'abord délibérer sur la question de savoir s'il y a lieu ou non d'accepter.

S'il s'agit d'une donation, le dossier doit comprendre :

1° L'expédition sur papier timbré de l'acte notarié contenant la libéralité. — D'après la jurisprudence du Conseil d'État, les donations entre vifs ne peuvent être soumises à l'autorisation du Gouvernement qu'autant qu'elles ont été préalablement constatées par actes notariés, conformément à l'article 931 du Code civil. Les actes rectificatifs ou modificatifs de ces libéralités doivent naturellement être dressés dans la même forme — ;

2° Un certificat de vie du donateur;

3° L'avis du Conseil de la Faculté (ou École) ou du Conseil général des Facultés.

S'il s'agit d'un legs, les pièces à produire sont :

1° Une expédition ou un extrait authentique, sur papier timbré, du testament, délivré par le notaire détenteur des minutes ou des originaux.

Quelle que soit la forme des testaments : publics, mystiques ou olographes, cette expédition est nécessaire.

Il importe, surtout lorsqu'il y a réclamation d'héritiers, de joindre aux dossiers, au lieu de simples extraits relatifs aux divers legs sujets à autorisation, des expéditions entières des testaments, parce qu'il est souvent utile, pour apprécier les circonstances de chaque affaire, de connaître l'ensemble des dispositions du même testateur ;

2° L'acte de décès du testateur, sur papier timbré ;

3° L'avis du Conseil de la Faculté (ou École) ou du Conseil général des Facultés ;

4° Un certificat du notaire dépositaire de la minute ou de l'original du testament, énonçant qu'il n'y a pas d'autres services publics compris dans le testament ;

5° Le consentement notarié des héritiers à la délivrance du legs.

Il doit être procédé, pour l'instruction des legs faits aux Facultés ou aux Corps de Facultés, conformément aux dispositions de l'article 3 de l'ordonnance du 14 janvier 1831.

Aux termes de cet article, les héritiers connus du testateur doivent être appelés par acte extrajudiciaire pour prendre connaissance du testament, donner leur consentement à son exécution, ou produire leurs moyens d'opposition. S'il n'y a pas d'héritiers connus, « extrait du testament sera affiché, de huitaine en huitaine, et à trois reprises consécutives, au chef-lieu de la mairie du domicile du testateur, et inséré dans le journal judiciaire du département, avec invitation aux héritiers d'adresser au Préfet, dans le même délai, les réclamations qu'ils auraient à présenter. »

Deux cas sont à distinguer : ou les héritiers naturels du testateur sont connus, ou ils ne le sont pas.

Dans le premier cas, ils doivent être interpellés par acte extrajudiciaire, et l'on doit produire soit leur consentement, soit les actes constatant qu'ils ont été régulièrement interpellés.

Le consentement du légataire universel ne dispense pas de mettre en demeure les héritiers naturels ; inversement l'adhésion de ces derniers ne suffit point lorsqu'il y a un légataire universel institué ; il est indispensable que celui-ci soit appelé à donner son consentement ou à présenter ses observations, puisque ce serait lui qui profiterait de la réduction des legs qu'il est tenu d'acquitter.

Dans le cas où il n'existe pas d'héritiers connus ou si l'on ignore leur domicile, les formalités d'interpellation sont remplies à la diligence du doyen ou directeur ou du président du Conseil général des Facultés par voie de publications et d'affiches. Avant d'y recourir, il y a lieu de constater que le testateur n'a pas laissé d'héritiers connus ; cette constatation devra résulter des pièces mêmes du dossier. Il ne suffit pas de produire des certificats des maires attestant que le testament a été affiché conformément aux prescriptions de l'ordonnance du 14 janvier 1831 ; il faut encore que l'extrait du testament soit inséré dans le journal judiciaire du département.

En cas de réclamation des héritiers, on doit annexer au dossier tous les documents et renseignements de nature à éclairer le Conseil d'État et le Gouvernement sur la valeur de l'opposition. Dans ce cas le dossier doit toujours faire connaître la valeur exacte de la succession du testateur ainsi que des charges dont elle est grevée, le nombre et le degré de parenté des héritiers réclamants ou non réclamants, leur position de fortune et leurs charges de famille.

Renonciation aux legs. — Les établissements publics ont besoin, pour renoncer aux legs faits en leur faveur, de la même autorisation que pour les accepter. La Faculté ou École ou le Corps des Facultés doit donc délibérer, et l'instruction de l'affaire est poursuivie dans la forme ordinaire. Toutefois on peut se dispenser dans certains cas de l'accomplissement de quelques-unes des formalités plus ou moins dispendieuses prescrites par les règlements. Si, par exemple, le refus d'accepter, qui doit toujours être motivé, était fondé sur l'insuffisance de la succession du testateur et sur l'indigence des héritiers, l'extrait du testament et l'acte de décès pourraient être produits sur papier libre ; il serait inutile en outre de faire signifier aux héritiers des actes extrajudiciaires d'interpellation ; mais alors on serait d'autant plus tenu de produire les renseignements les plus précis sur les faits et circonstances qui motivent le refus d'accepter.

L'acceptation des dons et legs ne peut intervenir qu'après le décret d'autorisation rendu en Conseil d'État. Toute acceptation provisoire serait nulle et non avenue. L'acceptation a lieu par acte devant notaire ; elle est faite par le doyen ou directeur ou par le président du Conseil général des Facultés.

II.

DÉLIVRANCE DES LEGS.

La délivrance des legs aux Facultés ou établissements assimilés est poursuivie par les doyens ou directeurs et pour les Corps de Facultés par les présidents

des Conseils généraux. Dans le cas où elle ne serait pas consentie volontaire-
ment, une action doit être intentée contre les héritiers ou légataires universels.
La demande en délivrance suit les formes des actions ordinaires. Les frais en
sont à la charge de la succession. Le légataire supporterait les frais s'il avait
élevé des prétentions reconnues mal fondées.

Les intérêts des legs courent seulement à dater du jour de la demande de
délivrance.

DÉPENSES

DES FACULTÉS ET DES CORPS DE FACULTÉS

NOMENCLATURE

DES JUSTIFICATIONS APPLICABLES À TOUS LES SERVICES

NOTE PRÉLIMINAIRE.

La nomenclature indique toujours les pièces justificatives en original.

A défaut de la minute de toute pièce justificative à produire à l'agent comptable, il peut y être suppléé par des copies dûment certifiées par les agents administratifs compétents, et mentionnant, s'il y a lieu, l'accomplissement de la formalité d'enregistrement.

Les copies remises aux parties pour être produites par elles au lieu et place de l'expédition originale sont délivrées sur timbre lorsque le timbre est exigé pour l'original.

Dans le cas où un procès-verbal d'adjudication, un marché, une décision, etc., se rapporteraient à plusieurs personnes ou à plusieurs entreprises distinctes, les originaux ou les copies peuvent être remplacés par des extraits certifiés qui doivent relater, en général, toutes les conditions de l'exécution du service et de la régularité du payement, ainsi que l'accomplissement, s'il y a lieu, de l'enregistrement et de toutes les autres formalités voulues, et qui seront complétés à cet effet, s'ils ne paraissent pas au comptable ou à la Cour contenir les indications nécessaires.

Les mandats, ainsi que les quittances des parties prenantes, sont toujours produits en original.

Dans tous les cas où les énonciations contenues dans les pièces produites ne paraîtraient pas suffisamment précises, les agents comptables peuvent se faire délivrer par les ordonnateurs, soit avant le payement, soit en exécution des arrêts de la Cour des comptes, des certificats administratifs qui complètent ces énonciations.

L'ordre qui a été suivi pour l'indication des pièces à produire à l'appui de chaque nature de dépense est celui des budgets des Facultés et des Corps de Facultés; c'est, en effet, dans cet ordre que les comptes sont dressés et que les payements et les justifications sont classés pour être soumis au contrôle judiciaire.

Les divers services des budgets des Facultés et des Corps de Facultés comprennent toutefois, dans des articles distincts, des dépenses analogues, pour lesquelles les pièces justificatives sont identiques, puisque ces pièces ne varient pas suivant la nature du service, mais seulement d'après le mode d'exécution déterminé le plus souvent par l'importance de la dépense, et que les mêmes règles ont été rendues applicables, par le décret du 31 mai 1862, aux traitements de tous les fonctionnaires et agents, aux fournitures et travaux de toute sorte.

Aussi, pour éviter les répétitions inutiles, la nomenclature présente, en premier lieu, la description complète des justifications communes applicables à tous les services, et, dans l'analyse des dépenses de ces services, elle renvoie, sous des lettres de référence, à chacune de ces justifications pour les articles qui s'y rapportent.

Ces justifications s'appliquent aux dépenses ci-après :

PERSONNEL.

1° Traitements fixes et autres émoluments assimilés aux traitements, soumis aux retenues pour le service des pensions civiles (*Loi du 9 juin 1853*);

2° Indemnités périodiques annuelles ou temporaires, payables comme les traitements, mais exemptes de retenues pour le service des pensions;

3° Indemnités variables calculées d'après les tarifs et autres bases fixes de liquidation;

4° Bourses;

5° Indemnités spéciales et gratifications;

6° Secours;

7° Salaires journaliers;

MATÉRIEL.

8° Fournitures de toute espèce;

9° Impressions fournies par l'Imprimerie nationale;

10° Travaux de toute nature;

11° Transports;

12° Acquisitions de propriétés immobilières;

13° Acquisitions d'immeubles par application de la loi sur les expropriations;

14° Locations d'immeubles.

Quant aux dépenses qui ne rentrent pas dans ces catégories ou qui présentent un caractère particulier, l'indication des justifications spéciales qui leur sont applicables est détaillée pour chacune d'elles en regard des paragraphes où elles sont successivement mentionnées.

JUSTIFICATIONS.

TABLE SPÉCIALE.

DÉPENSES

DES FACULTÉS ET DES CORPS DE FACULTÉS.

JUSTIFICATIONS APPLICABLES À TOUS LES SERVICES.

PERSONNEL.

A. — TRAITEMENTS FIXES SOUMIS AUX RETENUES POUR LE SERVICE

DES PENSIONS CIVILES.

(*Loi du 9 juin 1853.*)

1° ÉTAT NOMINATIF dûment arrêté, *indiquant pour chaque fonctionnaire ou agent :*

    1° Le grade et l'emploi;

    2° Le chiffre du traitement annuel;

    3° La durée du service;

    4° La somme brute à ordonnancer;

    5° Le montant des retenues à exercer au profit du Trésor pour le service des pensions civiles en exécution de la loi du 9 juin 1853, savoir :

Retenue de 5 p. o/o;

Retenue du premier douzième de traitement ou d'augmentation;

Retenue pour congé, absence ou mesure disciplinaire.

Et pour déterminer le montant desdites retenues :

En cas de nomination nouvelle ou de promotion, la date de la décision, l'époque de l'entrée en jouissance, la position et le traitement antérieurs.

En cas d'absence pour service public, la nature du service.

En cas d'absence par suite de congé, la date de la décision qui a accordé le congé, avec ou sans dispense de retenue, la nature et la durée du congé, l'époque de la cessation et de la reprise des fonctions.

Personnel. — A. Traitements *(Suite)*. **— B. C. Indemnités.**

En cas de retenues disciplinaires, la date de la décision qui en a fixé le montant.

6° *Pour les retenues autres que celles à exercer pour le service des pensions civiles* : la nature et le montant de la retenue et la date de la décision qui l'a prescrite ;

7° La somme nette à payer, *déduction faite du montant des retenues ;*

8° *En ce qui concerne le cumul, ledit état contenant* la déclaration des parties elles-mêmes qu'elles ne remplissent aucun emploi et qu'elles ne jouissent d'aucun traitement ou pension, et, dans le cas contraire, l'indication précise de ces traitements ou pensions.

2° QUITTANCE de l'ayant droit par émargement ou séparée ;

Et, de plus, en cas d'ordonnancement collectif ;

3° ACQUIT de la personne autorisée à recevoir.

B. — INDEMNITÉS PÉRIODIQUES ANNUELLES OU TEMPORAIRES.

(Exemptes des retenues pour le service des pensions civiles.)

1° ÉTAT NOMINATIF dûment arrêté, *indiquant pour chaque fonctionnaire ou agent :*

1° Le grade et l'emploi ;

2° Le chiffre de l'indemnité annuelle ;

3° La durée du service ;

4° *Dans le cas où ladite indemnité n'est pas portée au budget :* la date de la décision qui l'a fixée ;

5° La somme à payer ;

2° QUITTANCE de l'ayant droit par émargement ou séparée ;

Et, de plus, en cas d'ordonnancement collectif :

3° ACQUIT de la personne autorisée à recevoir.

C. — INDEMNITÉS VARIABLES CALCULÉES D'APRÈS DES TARIFS
ET AUTRES BASES FIXES DE LIQUIDATION.

(Exemptes des retenues pour le service des pensions civiles.)

TRAVAUX EXTRAORDINAIRES, FRAIS DE TOURNÉES, DE MISSIONS, ETC.

1° ÉTAT NOMINATIF, dûment arrêté, présentant les bases du calcul des droits acquis et la somme à payer à chaque fonctionnaire ou agent ;

Personnel. — C'. Bourses. — D. Gratifications. — E. Secours.

2° TARIFS ou autres actes qui ont fixé ces bases.

Nota. Si ces pièces ont été produites antérieurement, ou si elles ont été insérées soit dans le *Bulletin des lois*, soit dans d'autres recueils officiels, il suffira de mentionner cette circonstance en indiquant le numéro du Bulletin, ou le compte antérieur et le mandat à l'appui desquels la pièce a été produite.

3° QUITTANCE de l'ayant droit par émargement ou séparée;
　　Et de plus, en cas d'ordonnancement collectif;

4° ACQUIT de la personne autorisée à recevoir.

C'. — BOURSES.

(Exemptes des retenues pour le service des pensions civiles.)

1° COPIES, certifiées par l'ordonnateur, des délibérations, arrêtés ou décisions qui ont attribué les bourses;

2° QUITTANCE de l'ayant droit.

D. — INDEMNITÉS SPÉCIALES ET GRATIFICATIONS.

(Exemptes des retenues pour le service des pensions civiles.)

1° DÉCISION qui accorde l'indemnité ou la gratification;

2° QUITTANCE de l'ayant droit par émargement ou séparée;
　　Et, de plus, en cas d'ordonnancement collectif;

3° ÉTAT NOMINATIF, dûment approuvé, indiquant la somme accordée à chacun des fonctionnaires et agents y dénommés;

4° ACQUIT de la personne autorisée à recevoir.

E. — SECOURS.

1° DÉCISION qui accorde le secours;

Nota. Pour les secours périodiques, la décision est produite à l'appui du premier payement; il suffit de s'y reporter pour les payements suivants.

2° QUITTANCE de l'ayant droit;

3° CERTIFICAT DE VIE du titulaire, *si le payement est fait à un fondé de pouvoirs.*

15

F. — SALAIRES.

(Exempts des retenues pour le service des pensions civiles.)

1° ÉTAT NOMINATIF, dûment arrêté, indiquant, pour chacun des agents y dénommés, le prix fixé, le nombre des journées et la somme à payer;

2° QUITTANCE de l'ayant droit par émargement ou séparée.

MATÉRIEL.

G. — FOURNITURES.

§ 1er. — FOURNITURES EXÉCUTÉES EN VERTU D'ADJUDICATIONS PUBLIQUES OU DE MARCHÉS DE GRÉ À GRÉ.

Payement unique ou intégral.

1° PROCÈS-VERBAL D'ADJUDICATION OU MARCHÉ DE GRÉ À GRÉ (T), dûment approuvé et enregistré;

2° CAHIER DES CHARGES (T);

NOTA. Si le cahier des charges est un document administratif d'une application générale et ne constitue pas une annexe spéciale du marché, l'original est exempté du timbre.

3° DEVIS OU SOUMISSION (T), contenant l'indication des fournitures et des prix, lorsque ces détails ne résultent ni du procès-verbal d'adjudication ou du marché (n° 1), ni du cahier des charges (n° 2);

4° CERTIFICAT constatant la réalisation du cautionnement ou la dispense qui en a été donnée;

5° FACTURE (T) ou MÉMOIRE (T), dûment certifié et arrêté, contenant le détail des fournitures en quantités, les prix d'unités, la date des livraisons et la somme à payer;

6° CERTIFICAT constatant l'exécution du service dans les délais et suivant les conditions stipulées, faisant connaître, *s'il y a lieu*, la date des ordres de livraisons, *et*, *de plus*, mentionnant la prise en charge par qui de droit des fournitures, ou le numéro d'inscription sur l'inventaire ou le catalogue des objets qui en sont susceptibles;

Matériel. — G. Fournitures.

7° *En cas d'exonération ou de réduction des retenues encourues pour retard dans les livraisons :*

DÉCISION qui a prononcé cette exonération ou réduction ;

8° QUITTANCE de l'ayant droit :

9° *En cas de traité de gré à gré pour les fournitures au-dessous de 20,000 francs, ou de 5,000 francs par an, si elles embrassent plusieurs années.*

CERTIFICAT de l'ordonnateur relatant l'une des exemptions spécifiées par l'article 18 du décret du 18 novembre 1882.

NOTA. 1° Lorsque les fournitures résultant d'une même adjudication ou d'un même marché sont scindées, mais que chaque livraison fait l'objet d'une liquidation distincte et complète, dont le montant est ordonnancé intégralement, on produit à l'appui du premier payement toutes les justifications indiquées ci-dessus; pour les payements suivants, les justifications n°ˢ 5, 6, 7 (*s'il y a lieu*) et 8 sont seules produites; et il suffit de rappeler le numéro du mandat à l'appui duquel les justifications

1, 2, 3, 4 et 9 (*s'il y a lieu*) ont été jointes antérieurement, ainsi que la date et le lieu du payement.

Chaque facture ou mémoire doit rappeler la situation de l'entrepreneur quant aux quantités qu'il était tenu de fournir aux termes de son marché.

2° En cas de *traité à forfait*, il n'est pas nécessaire que le mémoire contienne le décompte détaillé en quantités et deniers, qui ne serait que la reproduction textuelle du devis ou du cahier des charges.

Payements fractionnés.

PREMIER ACOMPTE.

1° EXTRAIT certifié du PROCÈS-VERBAL D'ADJUDICATION ou du MARCHÉ, mentionnant l'approbation et l'enregistrement.

2° EXTRAIT DU CAHIER DES CHARGES faisant connaître le montant du cautionnement et les conditions du payement;

3° CERTIFICAT constatant la réalisation du cautionnement ou la dispense qui en a été donnée ;

4° DÉCOMPTE portant liquidation des fournitures effectuées, indiquant la somme à ordonnancer et, *s'il y a lieu*, la somme retenue (T, si le décompte est revêtu de la signature ou de l'approbation du fournisseur);

5° QUITTANCE de l'ayant droit;

6° *En cas de traité de gré à gré pour les fournitures au-dessus de 20,000 francs, ou de 5,000 francs par an, si elles embrassent plusieurs années :*

CERTIFICAT de l'ordonnateur, relatant l'une des exceptions spécifiées par l'article 18 du décret du 18 novembre 1882.

15.

Matériel. — G. Fournitures.

ACOMPTES SUBSÉQUENTS.

1° DÉCOMPTE portant liquidation des fournitures effectuées, indiquant, *s'il y a lieu*, la somme retenue, le détail des acomptes payés, les dates et numéros des mandats en vertu desquels ces payements ont été faits, le montant et le numéro d'ordre de l'acompte à ordonnancer (T, si le décompte est revêtu de la signature ou de l'approbation du fournisseur);

2° QUITTANCE de l'ayant droit.

PAYEMENT POUR SOLDE.

1° PROCÈS-VERBAL D'ADJUDICATION OU MARCHÉ DE GRÉ À GRÉ (T), dûment approuvé et enregistré;

2° CAHIER DES CHARGES (T);

NOTA. Si le cahier des charges est un document administratif d'une application générale et ne constitue pas une annexe spéciale du marché, l'original est exempté du timbre.

3° DEVIS ou SOUMISSION (T) contenant l'indication des fournitures et des prix, lorsque ces détails ne résultent ni du procès-verbal d'adjudication ou du marché (n° 1), ni du cahier des charges (n° 2);

4° FACTURE (T) ou MÉMOIRE (T), dûment vérifié et arrêté, contenant le détail en quantités, les prix d'unité et le montant total des fournitures, ainsi que la date des livraisons;

5° DÉCOMPTE relatant les acomptes payés, les dates et numéros des mandats antérieurs et la somme à payer (T, si le décompte est revêtu de la signature ou de l'approbation du fournisseur);

6° CERTIFICAT constatant l'exécution du service dans les délais et suivant les conditions stipulées, faisant connaître, *s'il y a lieu*, la date des ordres de livraison, *et, de plus*, mentionnant la prise en charge par qui de droit des fournitures, ou le numéro d'inscription sur l'inventaire ou le catalogue des objets qui en sont susceptibles;

7° *En cas d'exonération ou de réduction des retenues encourues pour retard dans les livraisons* :

Décision qui a prononcé cette exonération ou cette réduction :

8° QUITTANCE de l'ayant droit.

NOTA. Lorsque les adjudications ou marchés sont passés pour plusieurs années, et que les dépenses se soldent par exercice, on produit à l'appui du payement de solde du premier exercice toutes les justifications indiquées ci-dessus. Pour les payements de solde de chacun des exercices ultérieurs, les justifications n⁰ˢ 4, 5, 6, 7 (*s'il y a lieu*) et 8 sont seules produites, et il suffit de rappeler le numéro du mandat à l'appui duquel les justifications n⁰ˢ 1, 2 et 3 ont été produites, ainsi que la date et le lieu de payement.

Matériel. — G. Fournitures. — H. Impressions par l'Imprimerie nationale.

§ 2. — FOURNITURES EXÉCUTÉES SUR SIMPLE MÉMOIRE, LORSQUE LA DÉPENSE N'EXCÈDE PAS 1,500 FRANCS.

1° FACTURE (T) ou MÉMOIRE (T), dûment vérifié et arrêté, contenant le détail des fournitures en quantités, les prix d'unité, la date de la livraison et la somme à payer;

2° CERTIFICAT constatant la prise en charge des fournitures, ou indiquant le numéro d'inscription sur l'inventaire ou le catalogue des objets qui en sont susceptibles;

3° QUITTANCE de l'ayant droit.

NOTA. Lorsqu'il est payé un ou plusieurs acomptes sur le montant d'un mémoire, les pièces justificatives doivent être fournies à l'appui du payement du premier acompte. On s'y réfère pour les payements suivants.

H. — IMPRESSIONS FOURNIES PAR L'IMPRIMERIE NATIONALE.

Payement unique ou intégral.

1° Copie ou extrait des TARIFS annuels dûment approuvés;

2° MÉMOIRE liquidé et arrêté, présentant le détail en quantité et les prix d'unité;

3° CERTIFICAT de prise en charge des fournitures faites;

4° QUITTANCE à souche dûment contrôlée, souscrite par le caissier de l'Imprimerie;

5° ACQUIT pour duplicata donné par ce comptable sur le mandat, lequel doit porter le *vu bon à payer* du chef du bureau de la comptabilité de l'Imprimerie nationale et le visa du contrôleur près cet établissement.

Payements fractionnés.

ACOMPTES.

1° DÉCOMPTE du service fait, faisant ressortir la somme à payer pour le premier acompte; et pour les payements suivants, rappelant, en outre, les acomptes payés et les dates et numéros des mandats antérieurs;

2° QUITTANCE à souche, comme ci-dessus;

3° ACQUIT pour duplicata, comme ci-dessus.

Matériel. — I. Travaux.

SOLDE

Mêmes justifications qu'au payement intégral;

Et, de plus,

DÉCOMPTE rappelant les acomptes payés, les dates et numéros des mandats antérieurs.

I. — TRAVAUX.

§ 1er. — TRAVAUX EXÉCUTÉS EN VERTU D'ADJUDICATIONS PUBLIQUES OU DE MARCHÉS DE GRÉ À GRÉ.

Payement unique ou intégral.

1° DÉCISION approbative des travaux.

2° PROCÈS-VERBAL D'ADJUDICATION (T) ou MARCHÉ DE GRÉ À GRÉ (T), dûment approuvé et enregistré;

3° CAHIER DES CHARGES (T);

NOTA. Si le cahier des charges est un document administratif d'une application générale et ne constitue pas une annexe spéciale du marché, l'original est exempté du timbre.

4° DEVIS ESTIMATIF (T);

5° SÉRIE DES PRIX (T);

6° CERTIFICAT constatant la réalisation du cautionnement ou la dispense qui en a été donnée;

7° FACTURE (T) ou DÉCOMPTE administratif des travaux exécutés dûment vérifié et arrêté, contenant le détail des travaux, l'application des prix par article, la date de l'exécution et la somme à payer (T, si le décompte est revêtu de la signature ou de l'approbation de l'entrepreneur);

8° PROCÈS-VERBAL DE RÉCEPTION DÉFINITIVE constatant l'exécution du service dans les délais et suivant les conditions stipulées;

NOTA. Dans le cas où il ne serait pas dressé de procès-verbal de réception définitive, il est produit un certificat administratif contenant les mêmes énonciations.

9° *En cas d'exonération ou de réduction des retenues encourues pour retard :*

DÉCISION qui a prononcé l'exonération ou la réduction;

10° QUITTANCE de l'ayant droit;

11° *En cas de traité de gré à gré pour les travaux au-dessus de 20,000 francs, ou de 5,000 francs par an, s'ils embrassent plusieurs années :*

Matériel. — I. Travaux.

CERTIFICAT de l'ordonnateur, relatant l'une des exceptions spécifiées par l'article 18 du décret du 18 novembre 1882.

NOTA. 1° Lorsque les travaux résultant d'une même adjudication ou d'un même marché sont scindés et constituent plusieurs entreprises distinctes qui font l'objet, chacune, d'une liquidation spéciale dont le montant est ordonnancé intégralement, on produit à l'appui du premier payement toutes les justifications indiquées ci-dessus; pour les payements suivants, les justifications n°ˢ 7, 8, 9 (*s'il y a lieu*) et 10 sont seules produites, et il suffit de rappeler le numéro du mandat à l'appui duquel les justifications n°ˢ 1, 2, 3, 4, 5 et 6 ont été jointes antérieurement, ainsi que la date et le lieu de payement.

Chaque facture ou décompte doit rappeler la situation de l'entrepreneur quant à l'ensemble du marché;

2° En cas de traité à forfait, il n'est pas nécessaire que le décompte contienne le détail des travaux et des prix, qui ne serait que la reproduction textuelle du devis.

Payements fractionnés.

PREMIER ACOMPTE.

1° DÉCISION APPROBATIVE des travaux;

2° EXTRAIT certifié du PROCÈS-VERBAL D'ADJUDICATION ou du MARCHÉ, mentionnant l'approbation et l'enregistrement;

3° EXTRAIT du CAHIER DES CHARGES faisant connaître le montant du cautionnement et les conditions du payement;

4° CERTIFICAT constatant la réalisation du cautionnement ou la dispense qui en a été donnée;

5° DÉCOMPTE portant liquidation des travaux effectués, indiquant la somme à ordonnancer et la somme retenue (T, si le décompte est revêtu de la signature ou de l'approbation de l'entrepreneur);

6° QUITTANCE de l'ayant droit;

7° *En cas de traité de gré à gré pour les travaux au-dessus de 20,000 francs, ou de 5,000 francs par an, s'ils embrassent plusieurs années :*

CERTIFICAT de l'ordonnateur, relatant l'une des exceptions spécifiées par l'article 18 du décret du 18 novembre 1882.

ACOMPTES SUBSÉQUENTS.

1° DÉCOMPTE portant liquidation des travaux effectués, indiquant la somme retenue, le détail des acomptes payés, les dates et numéros des mandats en vertu desquels les payements ont été faits, le montant et le numéro d'ordre de

Matériel. — I. Travaux.

l'acompte à ordonnancer (T, si le décompte est revêtu de la signature ou de l'approbation de l'entrepreneur);

2° QUITTANCE de l'ayant droit.

PAYEMENT POUR SOLDE.

1° PROCÈS-VERBAL D'ADJUDICATION (T) ou MARCHÉ DE GRÉ À GRÉ (T) dûment approuvé et enregistré;

2° CAHIER DES CHARGES (T);

NOTA. Si le cahier des charges est un document administratif d'une application générale et ne constitue pas une annexe spéciale du marché, l'original est exempté du timbre.

3° DEVIS ESTIMATIF (T);

4° SÉRIE DES PRIX (T);

5° FACTURE (T) ou DÉCOMPTE administratif des travaux exécutés, dûment vérifié et arrêté, contenant l'application des prix par article, le montant total des travaux et la date de l'exécution (T, si le décompte est revêtu de la signature ou de l'approbation de l'entrepreneur);

6° DÉCOMPTE GÉNÉRAL de l'entreprise relatant les acomptes payés, les dates et numéros des ordonnances ou mandats antérieurs et la somme à payer (T, si le décompte est revêtu de la signature ou de l'approbation de l'entrepreneur);

7° PROCÈS-VERBAL DE RÉCEPTION DÉFINITIVE constatant l'exécution du service dans les délais et suivant les conditions stipulées;

NOTA. Dans le cas où il ne serait pas dressé de procès-verbal de réception définitive, il est produit un certificat administratif contenant les mêmes énonciations.

8° *En cas d'exonération ou de réduction des retenues encourues pour retard:*

DÉCISION qui a prononcé l'exonération ou la réduction;

9° QUITTANCE de l'ayant droit;

10° *En cas d'exécution de travaux durant plusieurs années:*

A l'appui du payement de solde de la dernière année:

DÉCOMPTE GÉNÉRAL de l'entreprise, détaillé et dûment certifié (T, si le décompte est revêtu de la signature ou de l'approbation de l'entrepreneur).

NOTA. Lorsque les adjudications ou marchés sont passés pour plusieurs années et que les dépenses se soldent par exercice, on produit, à l'appui du payement de solde du premier exercice, toutes les justifications indiquées ci-dessus; pour les payements de solde de chacun des exercices ultérieurs, les justifications nᵒˢ 5, 6, 7, 8 (*s'il y a lieu*) et 9 sont seules produites, et il suffit de rappeler le numéro du mandat à l'appui duquel les justifications nᵒˢ 1, 2, 3 et 4 ont été jointes antérieurement, ainsi que la date et le lieu du payement.

Matériel. — I. Travaux.

§ 2. — TRAVAUX EXÉCUTÉS SUR SIMPLE MÉMOIRE, LORSQUE LA DÉPENSE N'EXCÈDE
PAS 1,500 FRANCS.

1° MÉMOIRE (T) dûment arrêté, réglé (*s'il y a lieu*) et contenant le détail en
quantités, les prix d'unité et la somme à payer ;

2° CERTIFICAT constatant l'exécution des travaux ;

3° QUITTANCE de l'ayant droit.

NOTA. Lorsqu'il est payé un ou plusieurs acomptes sur le montant d'un mémoire, les pièces doivent
être fournies à l'appui du payement du premier acompte ; on s'y réfère pour les payements suivants.

§ 3. — TRAVAUX EN RÉGIE.

1° DÉCISION autorisant l'exécution des travaux et la mise en régie desdits
travaux ;

2° DÉCISION ou ARRÊTÉ nommant le régisseur ;

3° ACQUIT de l'agent comptable sur le mandat d'avance ;

4° BORDEREAU détaillé de l'emploi des fonds avancés, visé par l'ordonnateur
et appuyé des pièces ci-après, savoir :

Salaires à la journée et à la tâche.

1° RÔLES des journées d'ouvriers, ÉTATS ou MÉMOIRES des tâcherons, attestés
   par le régisseur, et indiquant le prix convenu, ainsi que le nombre des journées, ou le détail des travaux effectués à la tâche ;
2° QUITTANCES des ayants droit par émargements ou séparées.

Fournitures.

1° MÉMOIRES (T) ou FACTURES (T), attestés par le régisseur, contenant la date
   et le détail des livraisons en quantités et deniers et la somme à payer ;

2° CERTIFICAT constatant la prise en charge des fournitures, ou indiquant le
   numéro d'inscription sur l'inventaire des objets qui en sont susceptibles ;

3° QUITTANCE de l'ayant droit ;
   Et, dans le cas où les travaux ou fournitures seraient exécutés en vertu d'adjudi-
   cations ou de marchés :
   Les pièces exigées par la présente nomenclature : pour les fournitures, par la

Matériel. — I, Travaux. — J. Transports.

justification G *ci-dessus*, § 1 et 2, et pour les travaux, par la présente justification I, § 1 et 2.

Nota. Lorsqu'il est délivré successivement plusieurs mandats d'avance, on produit à l'appui de la première avance, toutes les justifications indiquées ci-dessus ; pour les avances suivantes, les justifications n°s 3 et 4 sont seules produites, et il suffit de rappeler le numéro et la date des mandats à l'appui desquels les justifications n°s 1 et 2 ont été transmises, ainsi que la date et le lieu du payement.

Pour toutes les avances, excepté la première, le bordereau d'emploi des fonds doit relater la situation des avances antérieures.

J. — Transports.

§ 1ᵉʳ. — Transports exécutés en vertu d'adjudications publiques ou de marchés de gré à gré.

Payement unique ou intégral.

1° Procès-verbal d'adjudication (T) ou marché de gré à gré (T), dûment approuvé et enregistré ;

2° Cahier des charges (T) ;

Nota. Si le cahier des charges est un document d'une application générale et ne constitue pas une annexe spéciale du marché, l'original est exempt du timbre.

3° Tarifs et états des distances entre les différents points à desservir ;

4° Certificat constatant la réalisation du cautionnement ou la dispense qui en a été donnée ;

5° Facture (T) indiquant les bases de la liquidation et le montant total des transports effectués ;

6° Décompte de liquidation présentant, *s'il y a lieu*, le calcul des retenues encourues pour retard, perte ou avarie, et en cas d'exonération ou de réduction des retenues pour retard, accordée par décision administrative, mentionnant la date de cette décision et établissant la somme nette à payer (T, si le décompte est revêtu de la signature ou de l'approbation de l'entrepreneur) ;

7° *Pour les transports de matériel :* Lettres de voiture (T), acquits-à-caution ou justifications analogues constatant la date du départ et celle de la réception par le destinataire des objets transportés, *et, en cas de perte ou d'avarie,*

Matériel. — J. Transports.

PROCÈS-VERBAL faisant connaître la nature, le nombre et la valeur des objets perdus;

Pour les transports de personnel : RÉQUISITION ou justification analogue donnant la date du départ et celle de l'arrivée, dûment certifiée;

8ª QUITTANCE de l'ayant droit;

9° *En cas de traité de gré à gré pour les transports au-dessus de 20,000 francs, ou de 5,000 francs par an, s'ils embrassent plusieurs années :*

CERTIFICAT de l'ordonnateur, relatant l'une des exceptions spécifiées par l'article 18 du décret du 18 novembre 1882.

En cas d'exécution des transports de matériel par abonnement et à forfait : Les justifications ci-dessus nᵒˢ 1, 2, 4, 5, et, s'il y a lieu, 9; *et, de plus*, CERTIFICAT constatant la régulière exécution du service.

NOTA. Lorsque les adjudications ou marchés pour transports sont passés pour plusieurs années et que les dépenses se soldent par exercice, on produit, à l'appui du payement de solde du premier exercice, toutes les justifications indiquées ci-dessus; pour le payement de solde de chacun des exercices ultérieurs, les justifications 5, 6, 7 et 8 sont seules produites, et il suffit de rappeler le numéro du mandat à l'appui duquel les justifications nᵒˢ 1, 2, 3, 4 et 9 (*s'il y a lieu*) ont été produites, ainsi que la date et le lieu du payement.

Payements fractionnés.

PREMIER ACOMPTE.

1° EXTRAIT certifié du PROCÈS-VERBAL D'ADJUDICATION ou du MARCHÉ, mentionnant l'approbation et l'enregistrement;

2° EXTRAIT certifié du CAHIER DES CHARGES faisant connaître le montant du cautionnement et les conditions du payement;

3° CERTIFICAT constatant la réalisation du cautionnement ou la dispense qui en a été donnée;

4° DÉCOMPTE portant liquidation des transports effectués et indiquant la somme retenue et la somme à payer; (T, si le décompte est revêtu de la signature ou de l'approbation de l'entrepreneur);

5° QUITTANCE de l'ayant droit;

6° *En cas de traité de gré à gré pour les transports au-dessus de 20,000 francs, ou de 5,000 francs par an, lorsqu'ils embrassent plusieurs années :*

CERTIFICAT de l'ordonnateur, relatant l'une des exceptions spécifiées par l'article 18 du décret du 18 novembre 1882.

16.

Matériel. — J. Transports.

ACOMPTES SUBSÉQUENTS.

1° DÉCOMPTE portant liquidation des transports effectués, indiquant la somme retenue, le détail des acomptes payés, les dates et numéros des mandats en vertu desquels ces payements ont été faits, le montant et le numéro d'ordre du payement à ordonnancer (T, si le décompte est revêtu de la signature ou de l'approbation de l'entrepreneur);

2° QUITTANCE de l'ayant droit.

PAYEMENT POUR SOLDE.

1° PROCÈS-VERBAL D'ADJUDICATION OU MARCHÉ DE GRÉ À GRÉ (T), dûment approuvé et enregistré;

2° CAHIER DES CHARGES (T);

NOTA. Si le cahier des charges est un document administratif d'une application générale et ne constitue pas une annexe spéciale du marché, l'original est exempt du timbre.

3° TARIFS et ÉTATS des distances entre les différents points à desservir;

4° FACTURE (T) indiquant le détail des expéditions, les bases de la liquidation et le montant total des transports effectués;

5° DÉCOMPTE de liquidation présentant, *s'il y a lieu*, le calcul des retenues encourues pour retard, perte ou avarie, et, en cas d'exonération ou de réduction des retenues pour retard, accordée par décision administrative, mentionnant la date de cette décision; ledit décompte relatant en outre les acomptes payés, les dates et numéros des mandats antérieurs et la somme à payer; (T, si le décompte est revêtu de la signature ou de l'approbation de l'entrepreneur);

6° *Pour les transports de matériel:* LETTRE DE VOITURE (T), ACQUITS-À-CAUTION ou justification analogue constatant la date du départ et celle de la réception, par le destinataire, des objets transportés, et, *en cas de perte ou d'avarie*: PROCÈS-VERBAL faisant connaître la nature, le nombre et la valeur des objets perdus ou avariés;

Pour les transports de personnel: RÉQUISITION ou justification analogue donnant les dates de départ et d'arrivée, dûment certifiée;

7° QUITTANCE de l'ayant droit.

NOTA. Lorsque l'entreprise du transport embrasse plusieurs années et que les dépenses se soldent par exercice, on produit à l'appui du payement de solde du premier exercice, toutes les justifications indiquées ci-dessus; pour le payement de solde de chacun des exercices ultérieurs, les justifications n°° 4, 5, 6, 7 (*s'il y a lieu*) et 9 sont seules produites, et il suffit de rappeler le numéro du mandat à l'appui duquel les justifications n°° 1, 2 et 3 ont été produites, ainsi que la date et le lieu du payement.

Matériel. — J. Transports. — K. Acquisitions et échanges, etc.

§ 2. —— TRANSPORTS EXÉCUTÉS SUR SIMPLE MÉMOIRE, LORSQUE LA VALEUR
N'EXCÈDE PAS 1,500 FRANCS.

1° MÉMOIRE (T), dûment réglé et arrêté, présentant les bases de la liquidation;

2° QUITTANCE de l'ayant droit;

Et, de plus, la justification n° 6 ci-dessus.

§ 3. —— NOLIS DE BÂTIMENTS.

1° CHARTE-PARTIE (T);

2° CONNAISSEMENTS (*s'il y a lieu*);

3° CERTIFICATS d'embarquement et de débarquement;

4° FACTURE (T) ou DÉCOMPTE présentant les bases de la liquidation, appuyé
(*s'il y a lieu*) des PROCÈS-VERBAUX justificatifs des frais de starie et de surestarie,
et des CERTIFICATS constatant le cours du change;

5° QUITTANCE de l'ayant droit.

NOTA. Lorsqu'il est fait des avances au départ, on produit à l'appui du payement des avances,
outre la quittance, la CHARTE-PARTIE et le CERTIFICAT d'embarquement; les autres justifications sont
produites à l'appui du payement pour solde, et, dans ce cas, la FACTURE ou le DÉCOMPTE mentionne les
avances payées antérieurement

**K. ART. 1ᵉʳ. —— ACQUISITIONS ET ÉCHANGES DE PROPRIÉTÉS IMMOBILLIÈRES
D'APRÈS LES RÈGLES DU DROIT COMMUN.**

---

§ 1ᵉʳ. —— IMMEUBLES APPARTENANT À DES PERSONNES CAPABLES.

1° DÉCISION qui a autorisé l'acquisition ou l'échange;

2° ACTE DE VENTE (T) notarié ou administratif, JUGEMENT D'ADJUDICATION (T),
ou tout autre TITRE constatant l'acquisition et la transmission de la propriété,
transcrit au bureau des hypothèques et enregistré;

NOTA. Les copies produites doivent relater *textuellement* la transcription et la mention de l'enregistrement.

Matériel. — M. Acquisitions et échanges, etc.

3° Les justifications constatant la PURGE des privilèges et hypothèques, et des droits réels transcrits en vertu de la loi du 23 mars 1855 [1], savoir :

1° CERTIFICAT (T) négatif, délivré après transcription par le conservateur des hypothèques, relatant expressément qu'il s'applique aux mentions et transcriptions désignées par les articles 1 et 2 de ladite loi ;

Ou, *s'il y a lieu,* ÉTAT (T) des inscriptions, et, en outre, desdites transcriptions et mentions [2] ;

Dans le cas où lesdits certificats ou états ne seraient pas délivrés quarante-cinq jours au moins après la date de l'acte de vente :

2° CERTIFICAT (T) du conservateur, constatant qu'il n'existe pas d'inscriptions prises pour la conservation du privilège spécial mentionné par l'article 6 de ladite loi, ou ÉTAT (T) des inscriptions prises pour cet objet ;

Dans le cas où il existerait des inscriptions, si le montant du prix n'est pas versé à la Caisse des consignations :

3° CERTIFICAT (T) de radiation desdites inscriptions, délivré par le conservateur des hypothèques [3].

4° Les justifications constatant la PURGE DES HYPOTHÈQUES LÉGALES [4] (*art. 2194 du Code civil*), savoir :

1° CERTIFICAT (T) de dépôt du contrat au greffe pour être affiché ;

2° EXPLOIT (T) de notification au Procureur de la République et aux parties intéressées ;

3° CERTIFICAT (T) d'affiche pendant deux mois ;

4° Exemplaire certifié de la FEUILLE D'ANNONCES JUDICIAIRES du département, contenant l'insertion de l'exploit de notification ;

---

[1] Si le prix d'acquisition n'excède pas 500 francs, la purge des hypothèques n'est pas nécessaire.

[2] L'état des inscriptions ou le certificat négatif doit énoncer formellement qu'il n'y a pas d'inscription au profit du Crédit foncier. (*Décret-loi du 28 février 1852, art. 47.*)

[3] Le payement peut être fait sur la production d'une quittance notariée portant mainlevée des inscriptions ; cette pièce est produite à défaut de certificat de radiation.

[4] En cas d'acquisition sur saisie immobilière, il n'y a pas lieu de procéder à la purge des hypothèques légales. (*Art. 717 du Code de procédure civile, modifié par la loi du 21 mai 1858.*)

Matériel. — K. Acquisitions et échanges, etc.

5° Certificat (T) du conservateur des hypothèques, constatant qu'aucune inscription n'a été requise sur l'immeuble acquis pendant deux mois à dater de l'insertion (*avis du Conseil d'État du 1er juin 1807*), ou, *s'il y a lieu,* état des inscriptions:

6° *Dans le cas où il existerait des inscriptions, si le montant du prix n'est pas versé à la Caisse des dépôts et consignations;*

Certificat (T) de radiation desdites inscriptions, délivré par le conservateur des hypothèques.

Nota. Toutes les justifications concernant la purge des hypothèques légales sont produites en original.

5° Décompte de liquidation en principal et intérêts des prix d'acquisition (1);

9° Quittance de l'ayant droit;

Si le montant du prix de vente est versé à la Caisse des dépôts et consignations par suite d'inscription :

Les justifications ci-dessus, à l'exception du certificat de radiation, 3°, n° 3, et 4°, n° 6, et de la quittance de l'ayant droit, 6°;

Et, de plus :

7° Décision ou arrêté motivé de l'ordonnateur, prescrivant la consignation et visant la date de la délivrance, par le conservateur des états d'inscriptions ;

Nota. L'état des inscriptions, 3°, n° 1, et 4°, n° 5, est remis à la Caisse des dépôts et consignations et n'est pas produit à la Cour des comptes.

8° Récépissé du préposé de la Caisse des dépôts et consignations.

§ 2. — Immeubles appartenant à des mineurs, interdits, absents ou incapables, ou faisant partie de majorats.

Les mêmes justifications qu'au paragraphe 1er;

Et, de plus :

9° Jugement (T) autorisant la vente

---

(1) Dans le cas exceptionnel où des intérêts du prix capital de l'immeuble seraient payés avant ce capital, on ne sera tenu de produire à l'appui du premier payement pour intérêts, outre la quittance, que les justifications n°s 1, 5, et, de plus, un extrait certifié de l'acte d'acquisition, faisant connaître notamment les conditions de prix et de payement.

Les autres justifications ne seront produites qu'avec le payement du capital, ou si ce payement est fractionné, elles seront mises à l'appui du premier acompte.

Matériel. — K. Acquisitions et échanges, etc.

10° La justification du REMPLOI dans le cas où cette mesure serait prescrite par le jugement et où l'acquéreur en serait responsable.

§ 3. — IMMEUBLES APPARTENANT À DES FEMMES MARIÉES.

Les pièces mentionnées au paragraphe 1er sous les n°s 1, 2, 3, 4, 5, 7 et 8;
Et, de plus :

9° ACTE DE MARIAGE;

10° (*Dans le cas où le mariage est postérieur à la loi du 10 juillet 1850 et où l'acte contient déclaration de contrat.*) Extrait du CONTRAT DE MARIAGE, à l'effet de faire connaître le régime sous lequel les époux sont mariés et les dispositions relatives au remploi;

(*Dans le cas où le mariage est antérieur à la loi précitée.* Extrait du CONTRAT, aux effets ci-dessus, ou CERTIFICAT du fonctionnaire qui a passé l'acte de vente, constatant que les époux ont déclaré s'être mariés sans contrat de mariage, quand l'acte de vente ne l'énonce pas;

11° ACQUITS de la femme et du mari, ou, à défaut de l'acquit du mari, AUTORISATION du tribunal;

Dans le cas où l'aliénation ne pourrait avoir lieu qu'en vertu d'un jugement :

12° JUGEMENT (T) du tribunal autorisant la vente;

Dans tous les cas où le remploi est prescrit, soit par le contrat de mariage, soit par un jugement, et où l'acquéreur en est responsable :

13° La justification du REMPLOI.

NOTA. Pour les immeubles appartenant à des femmes mariées, et dont la valeur en capital n'excède pas 500 francs, la production du contrat de mariage n'est pas exigée; et, lors même que les femmes sont mariées sous le régime dotal, le payement peut être fait sans justification de remploi.

§ 4. — IMMEUBLES APPARTENANT À DES DÉPARTEMENTS, DES COMMUNES, DES ÉTABLISSEMENTS PUBLICS OU DES ÉTABLISSEMENTS D'UTILITÉ PUBLIQUE.

Les justifications mentionnées au paragraphe 1er sont les n° 1, 2, 3, 5, 6, 7, et 8;

Et, de plus :

9° DÉLIBÉRATION dûment approuvée du Conseil général, du Conseil municipal ou de la Commission administrative qui a autorisé la vente.

(Les justifications n° 4 du paragraphe 1er seraient produites, s'il pouvait exister des hypothèques légales du chef des précédents propriétaires.)

Matériel. — K. Acquisitions et échanges, etc.

K. Art. 2 — Acquisitions d'immeubles par application de la loi du 3 mai 1841 sur l'expropriation pour cause d'utilité publique.

§ 1ᵉʳ. — Immeubles appartenant à des personnes capables.

EXPROPRIATIONS, LORSQU'IL N'Y A PAS PRISE DE POSSESSION POUR CAUSE D'URGENCE.

En cas de conventions amiables :

Arrêté du préfet pris après l'accomplissement des formalités prescrites par les articles 4 à 10 de la loi du 3 mai 1841, relatant la date de la loi ou du décret (aux termes de l'article 2) qui a déclaré l'utilité publique, et déterminant les propriétés particulières auxquelles l'expropriation est applicable (art. 11 de la loi précitée);

2° Acte de vente (T) notarié ou administratif, dûment approuvé, transcrit au bureau des hypothèques de l'arrondissement (art. 16 et 19 de la loi) (1);

3° Certificat du maire constatant que, préalablement à la transcription, l'acte de vente a été publié et affiché conformément à l'article 15 de la loi précitée et suivant les formes de l'article 6;

4° Exemplaire du journal où l'insertion a été faite;

Nota. L'insertion doit être toujours faite antérieurement à la transcription.

5° Certificat négatif (T) ou état (T) des inscriptions, délivré par le conservateur des hypothèques quinze jours au moins après la transcription;

Dans le cas où il existe des inscriptions, et si le montant du prix n'est pas versé à la caisse des consignations :

6° Certificat (T) de radiation, délivré par le conservateur des hypothèques;

---

(1) En vertu du deuxième paragraphe de l'article 19 de la loi, l'Administration peut ne pas remplir les formalités de publication et de transcription pour les acquisitions dont le prix ne dépasse pas 500 francs.

Les portions contiguës appartenant à un même propriétaire doivent faire l'objet d'un seul acte de vente.

Dans le cas où la dispense de ces formalités ne serait pas exprimée dans l'acte de vente, elle devra être l'objet d'un certificat spécial du préfet.

Si le vendeur n'est pas l'individu dénommé à la matrice des rôles, le contrat doit indiquer comment la propriété est passée du propriétaire désigné par la matrice des rôles à celui qui consent la vente.

Si la désignation portée à la matrice des rôles est inexacte ou incomplète, le vendeur doit prouver l'inexactitude ou l'erreur par la production d'un bail, d'un acte de vente, d'un partage ou d'un autre acte authentique.

A défaut d'acte authentique, l'identité sera prouvée par un certificat du maire de la commune où l'immeuble est situé, délivré sur la déclaration de deux témoins au moins.

Ces justifications seront énoncées au contrat.

Matériel. — K. Acquisitions et échanges, etc.

7° Certificat du préfet, délivré huit jours au moins après les publications et affiches susmentionnées, et constatant qu'aucun tiers ne s'est fait connaître à la Faculté ou École ou au Corps des Facultés comme intéressé au règlement de l'indemnité (art. 21, § 2, de la loi);

8° Décompte en principal et intérêts du prix d'acquisition;

9° Quittance (T) de l'ayant droit (1);

Si le montant du prix de vente est versé à la Caisse des dépôts et consignations :

Les pièces ci-dessus, à l'exception de la *quittance* de l'ayant droit n° 9;

Et, de plus :

10° Décision ou arrêté motivé de l'ordonnateur prescrivant la consignation, ledit arrêté visant la date de la délivrance, par le conservateur, de l'état d'inscriptions;

Nota. L'état des inscriptions n° 5 est remis à la Caisse des consignations et n'est pas produit à la Cour des comptes.

11° Récépissé du préposé de la Caisse des dépôts et consignations.

Nota. Les justifications n° 3, 5, 6 et 7 sont produites en original.

En cas de jugement d'expropriation :

1° SI L'INDEMNITÉ EST RÉGLÉE À L'AMIABLE :

1° Jugement d'expropriation (T), relatant textuellement la mention de la transcription et énonçant la date de la notification;

2° Certificat du maire constatant que, préalablement à la transcription, le jugement a été publié et affiché conformément à l'article 15 de la loi précitée et suivant les formes de l'article 6 de ladite loi;

3° Exemplaire du journal où l'insertion a été faite;

Nota. L'insertion doit être faite antérieurement à la transcription.

4° Convention (T), dûment approuvée, contenant règlement de l'indemnité;

Et, de plus :

Les justifications mentionnées sous les n° 5°, 6°, 7°, 8°, 9° et 10°, *comme en cas de conventions amiables.*

---

(1) Les quittances peuvent être passées dans la forme des actes administratifs (art. 56 de la loi).

Matériel. — K. Acquisitions et échanges, etc.

2° SI L'INDEMNITÉ EST RÉGLÉE PAR LE JURY :

Mêmes justifications qu'à l'article précédent, moins les nᵒˢ 4, 7 et 8;

Et, de plus :

DÉCISION DU JURY, suivie de l'ordonnance d'exécution rendue par le magistrat directeur, contenant règlement de l'indemnité et (*s'il y a lieu*) répartition des dépens (art. 40 et 41 de la loi);

DÉCOMPTE, en principal et intérêts, du prix d'acquisition portant (*s'il y a lieu*) déduction de la portion des dépens mis à la charge du vendeur (1).

PRISE DE POSSESSION, POUR CAUSE D'URGENCE, DE TERRAINS NON BATIS.

Consignations provisoires dans le cas de prise de possession
pour cause d'urgence.

1° JUGEMENT D'EXPROPRIATION, relatant textuellement la mention de la transcription et énonçant la date de la notification;

2° CERTIFICAT du maire, constatant que, préalablement à la transcription, le jugement a été publié et affiché conformément à l'article 15 de la loi du 3 mai 1841 et suivant les formes de l'article 6 de ladite loi;

3° Numéro du JOURNAL où l'insertion a été faite (cette insertion doit être faite antérieurement à la transcription);

4° Extrait ou mention du DÉCRET qui déclare l'urgence;

5° JUGEMENT qui fixe le montant de la somme à consigner par la Faculté ou École ou par le Corps des Facultés;

6° ARRÊTÉ du préfet motivant et prescrivant la consignation provisoire, qui doit comprendre, indépendamment de la somme fixée par le tribunal, les deux années d'intérêts exigées par l'article 69 de la loi précitée;

---

(1) Dans le cas exceptionnel où des intérêts du prix capital de l'immeuble seraient payés avant ce capital, on ne sera tenu de produire, à l'appui du premier payement pour intérêts, que les pièces nᵒˢ 1, 8, 9 et, *s'il y a lieu,* 10 et 11, et, en outre, un extrait certifié de l'acte d'acquisition, faisant connaître notamment les conditions de prix et de payement.

Les autres pièces ne seront produites qu'avec le payement du capital, ou, si ce payement est fractionné, elles seront mises à l'appui du premier acompte.

Matériel. — K. Acquisitions et échanges, etc.

(Cet arrêté doit expliquer si la consignation est faite à la charge ou non d'inscriptions hypothécaires et s'il existe on non d'autres obstacles à la remise des fonds entre les mains du propriétaire dépossédé, et doit relater, en outre, la date du certificat négatif ou de l'état des inscriptions délivré par le conservateur des hypothèques.)

7° Récépissé du préposé de la Caisse des consignations.

Payement du complément dans le cas où la consignation est inférieure au montant de l'indemnité.

1° Indication de l'ordonnance ou du mandat auquel copie ou extrait du jugement d'expropriation a été joint au moment de la consignation provisoire ;

2° Convention (T), dûment approuvée, contenant règlement de l'indemnité ;

Ou, *si l'indemnité a été réglée par le jury*, décision du jury, suivie de l'ordonnance d'exécntion et (*s'il y a lieu*) répartition des dépens ;

3° Décompte en principal et intérêts du prix d'acquisition, portant (*s'il y a lieu*) déduction des dépens mis à la charge des vendeurs ;

4° Arrêté du préfet rappelant la somme précédemment consignée ainsi que la date et le numéro du mandat primitif, déterminant le solde à consigner, et ordonnant la consignation de ce solde et la conversion de la consignation provisoire en consignation définitive ;

(Cet arrêté doit expliquer si la consignation est faite à la charge ou non d'inscriptions hypothécaires et 'il existe ou non d'autres obstacles à la remise des fonds entre les mains des propriétaires dépossédés, et doit relater, en outre, la date du certificat négatif ou de l'état des inscriptions délivré par le conservateur des hypothèques.)

5° Déclaration de l'agent de la Caisse des consignations, constatant la conversion de la consignation provisoire en consignation définitive ;

6° Récépissé de l'agent de la Caisse des consignations pour le complément du prix.

§ 2. — IMMEUBLES APPARTENANT A DES MINEURS, INTERDITS, ABSENTS OU INCAPABLES, OU FAISANT PARTIE DE MAJORATS.

Les justifications désignées au paragraphe 1er ; *et, de plus* :

1° Jugement autorisant la vente en *en cas de convention amiable*;

Matériel. — K. Acquisitions et échanges, etc.

2° Justification du REMPLOI dans le cas où cette mesure serait prescrite, soit par le jugement qui a autorisé la cession amiable, soit par un autre jugement.

§ 3. — IMMEUBLES APPARTENANT A DES FEMMES MARIÉES.

Les justifications désignées au paragraphe 1ᵉʳ;

Et, de plus :

1° ACTE DE MARIAGE;

2° (*Dans le cas où le mariage est postérieur à la loi du 10 juillet 1850 et où l'acte contient la déclaration du contrat.*) Extrait du CONTRAT DE MARIAGE, à l'effet de faire connaître les dispositions relatives au remploi;

(*Dans le cas où le mariage est antérieur à la loi précitée.*) Extrait du CONTRAT aux effets ci-dessus, ou CERTIFICAT du fonctionnaire qui a passé l'acte de vente, constatant que les époux ont déclaré s'être mariés sans contrat de mariage;

3° ACQUITS de la femme ou du mari, ou, à défaut de l'acquit du mari, AUTORISATION du tribunal;

Dans le cas de convention amiable, si l'aliénation ne peut avoir lieu qu'en vertu d'un jugement :

4° JUGEMENT autorisant la vente;

Dans tous les cas où le remploi est prescrit, soit par le contrat de mariage, soit par un jugement et où l'acquéreur en est responsable :

5° Justification du REMPLOI.

NOTA. — Pour les immeubles appartenant à des femmes mariées et dont la valeur en capital n'excède pas 500 francs, la production du contrat de mariage n'est pas exigée, et, lors même que les femmes sont mariées sous le régime dotal, le payement peut être fait sans justification de remploi.

§ 4. — IMMEUBLES APPARTENANT À DES DÉPARTEMENTS, DES COMMUNES, DES ÉTABLISSEMENTS PUBLICS OU DES ÉTABLISSEMENTS D'UTILITÉ PUBLIQUE.

Les justifications mentionnées au paragraphe premier;

Et, de plus :

DÉLIBÉRATION dûment approuvée du Conseil général, ou du Conseil municipal, ou de la Commission administrative qui a autorisé la vente.

Matériel. — K. Acquisitions et échanges, etc. — L. Locations d'immeubles.

§ 5. — INDEMNITÉS MOBILIÈRES, LOCATIVES OU INDUSTRIELLES.

En cas de convention amiable :

1° CONVENTION (T) dûment approuvée ;

2° QUITTANCE (T) de l'ayant droit.

En cas de règlement par le jury :

1° DÉCISION du jury suivie de l'ordonnance d'exécution rendue par le magistrat directeur, contenant règlement de l'indemnité et (*s'il y a lieu*) répartition des dépens.

2° QUITTANCE (T) de l'ayant droit.

L. — LOCATIONS D'IMMEUBLES.

PREMIER PAYEMENT.

1° BAIL (T) dûment approuvé et enregistré, et de plus, transcrit lorsque sa durée est de plus de dix-huit ans ;

2° QUITTANCE du propriétaire.

PAYEMENTS SUBSÉQUENTS.

1° QUITTANCE (T) du propriétaire ;

2° INDICATION du compte et du mandat auxquels le bail a été joint antérieurement, et (*dans le cas où l'immeuble aurait été vendu postérieurement au bail*) ;

3° EXTRAIT de l'acte de vente.

FACULTÉS ET CORPS DE FACULTÉS.

NOMENCLATURE

DES PIÈCES JUSTIFICATIVES QUI DOIVENT ÊTRE PRODUITES À L'APPUI DES RECETTES
ET DES DÉPENSES.

1° FACULTÉS ET ÉTABLISSEMENTS ASSIMILÉS.

BUDGET ORDINAIRE.

CHAPITRE 1ᴱᴿ. — RECETTES.

ARTICLES DU BUDGET et NATURE DES RECETTES.	PIÈCES À PRODUIRE POUR LA JUSTIFICATION DES RECETTES.	OBSERVATIONS.
Art. 1ᵉʳ. — Revenus des biens meubles et immeubles et intérêts des fonds placés au Trésor..................	1° *Arrérages des dons et legs.* — Copie, certifiée par le doyen ou directeur, de l'état des dons et legs, avec indication du montant et de l'échéance des arrérages. 2° *Rentes sur l'État, loyers de bâtiments ou fermages de biens.* — État des propriétés de la Faculté ou École; copie ou extrait des baux. Si ces pièces ont déjà été fournies, indication des comptes auxquels elles ont été annexées. 3° *Intérêts des fonds placés en compte courant au Trésor.* — Copie, certifiée par le doyen ou directeur, du décompte des intérêts, dûment arrêté.	
Art. 2. — Produit des publications de la Faculté ou École.............	État, certifié par le doyen ou directeur, indiquant le nombre d'exemplaires vendus, le prix de l'unité et le produit de la vente.	
Art. 3. — Produit des opérations autorisées par le Ministre de l'Instruction publique, pour le compte de particuliers, dans des laboratoires de la Faculté ou École et dont la dépense doit être remboursée conformément aux conditions déterminées par le Conseil de la Faculté ou École........................	1° Extrait de la décision ministérielle, certifié par le doyen ou directeur, autorisant les opérations; 2° État indiquant les laboratoires qui ont effectué les opérations, les noms des personnes au compte desquelles elles ont été faites, le prix et la désignation de chacune des opérations suivant leur nature et d'après les conditions fixées par le Conseil de la Faculté ou École; ledit état certifié par le doyen ou directeur,	
Art. 4. — Subventions de l'État....	Extrait de l'ordonnance ministérielle émise au nom de l'agent comptable, certifié par le doyen ou directeur.	
Art. 5. — Subventions des départements, des communes, des établissements publics, des établissements d'utilité publique et des particuliers.......	Extrait, certifié par le doyen ou directeur, de la délibération dûment approuvée du conseil général, du conseil municipal ou de l'établissement qui alloue la subvention, et de l'engagement pris par les particuliers de fournir la subvention.	
Art. 6. — Ressources autres que celles ci-dessus énumérées et ayant le caractère de revenus................	Copies des décisions portant attribution des recettes ou état indiquant le détail, le montant et l'affectation des recettes. Lesdites copies ou état certifiés par le doyen ou directeur.	

FACULTÉS. — NOMENCLATURE SPÉCIALE DES PIÈCES JUSTIFICATIVES. (Suite.)

BUDGET ORDINAIRE.

CHAPITRE II. — DÉPENSES.

ARTICLES DU BUDGET et NATURE DES DÉPENSES.	PIÈCES À PRODUIRE POUR LA JUSTIFICATION DES DÉPENSES.	OBSERVATIONS.
Art. 1er. — Impositions établies par les lois.................	Quittance à souche du receveur-percepteur ou du receveur municipal, extrait du rôle des contributions.	
Art. 2. — Dépenses du personnel imputables sur les revenus, dons et legs ou sur les subventions..............	Fournir les pièces exigées par le présent règlement. Voir *Justifications*, lettre A, p. 111; lettre B, p. 112; lettre F, p. 114.	
Art. 3. — Bourses payées à l'aide des mêmes ressources..............	Voir *Justifications*, lettre C', p. 113.	
Art. 4. — Entretien des bâtiments.................	Voir *Justifications*, lettre G, p. 114 à 117, s'il s'agit de fournitures, et lettre I, p. 118 à 121, pour les travaux.	
Art. 5. — Entretien du mobilier.................	Voir *Justifications*, lettre G, p. 114 à 117, pour les fournitures, et lettre I, p. 118 à 121, s'il s'agit de travaux.	
Art. 6. — Éclairage et chauffage...	Voir *Justifications*, lettre G, p. 114 à 117.	
Art. 7. — Impressions et frais de bureau.................	*Idem.*	
Art. 8. — Frais matériels des examens.................	*Idem.*	
Art. 9. — Entretien et accroissement des collections.............	I. *Acquisitions et réparations.* — Mémoires établis en la forme ordinaire (*Justifications*, lettre G, p. 114 à 117, et lettre I, p. 118 à 121) et, de plus, revêtu du visa du professeur chargé du service (ou de l'un des fonctionnaires du service) auquel se rapporte l'objet fourni ou le travail de réparation; ledit visa certifiant: 1° la réception des instruments, appareils et autres objets de collection, ou l'exécution du travail effectué; 2° la prise en charge des objets reçus et leur inscription à l'inventaire sous les numéros qui doivent être portés en marge du mémoire et en regard de la désignation de chaque objet ou de chaque groupe d'objets similaires. II. *Salaires d'ouvriers ou de garçons temporaires payés à la journée.* — Voir *Salaires*, lettre F, p. 114.	

FACULTÉS. — NOMENCLATURE SPÉCIALE DES PIÈCES JUSTIFICATIVES. (Suite.)

BUDGET ORDINAIRE.

CHAPITRE II. — DÉPENSES. (Suite.)

ARTICLES DU BUDGET et NATURE DES DÉPENSES.	PIÈCES À PRODUIRE POUR LA JUSTIFICATION DES DÉPENSES.	OBSERVATIONS.
Art. 10. — Frais de cours et de laboratoire......................	I. *Acquisitions et réparations.* — Mémoires établis en la forme ordinaire (Voir *Justifications*, lettre G, p. 114 à 117, et lettre I, p. 118 à 121) et, de plus, revêtus du visa du professeur chargé du service (ou de l'un des fonctionnaires du service) auquel se rapportent les fournitures ou les réparations; ledit visa certifiant : 1° la réception des objets, produits, etc., ou l'exécution des travaux; 2° s'il y a lieu, la prise en charge et l'inscription à l'inventaire. II. *Salaires payés à la journée.* — Lettre F, p. 114.	
Art. 11. — Frais de travaux pratiques des étudiants.................	Mêmes justifications que pour les articles 9 et 10 (collections, frais de cours et de laboratoire).	
Art. 12. — Frais des publications........................	Copies ou extraits, certifiés par le doyen ou directeur, des traités passés avec les éditeurs. Pour le surplus (établissement et production des mémoires), voir *Justifications*, lettre G, p. 114 à 117.	
Art. 13. — Frais des opérations autorisées dans les laboratoires pour le compte de particuliers.............	I. *Frais des opérations.* — Mêmes justifications que pour les articles 9, 10 et 11 (collections, frais de cours et de laboratoire et travaux pratiques). II. *Indemnités aux opérateurs* : 1° Extrait, certifié par le doyen ou directeur, de la délibération du Conseil de la Faculté ou École fixant l'indemnité et visant l'opération à laquelle elle se rapporte; 2° Acquit de l'ayant droit.	
Art. 14. — Acquisitions et allocations pour prix et médailles..............	I. *Pour les acquisitions.* — V. *Justifications*, lettre G, p. 114 à 117. II. *Pour les allocations* : 1° Extrait, certifié par le doyen ou directeur, de la délibération du Conseil de la Faculté ou École relative aux concours et à l'allocation à attribuer au lauréat; 2° Acquit de l'ayant droit.	
Art. 15. — Rétribution de l'agent comptable......................	1° Décompte de la rétribution revenant à l'agent comptable sur le montant des dépenses (*Mod. n° 19*); 2° Acquit de l'ayant droit.	
Art. 16. — Acquittement des dettes exigibles........................	Mêmes justifications que pour les dépenses analogues portées dans la présente nomenclature.	
Art. 17. — Dépenses autres que celles ci-dessus énumérées et imputables sur les revenus annuels.............	Copies, s'il y a lieu, des décisions portant engagement des dépenses ou état indiquant le détail, le montant et l'emploi des dépenses. Lesdites copies ou état certifiés par le doyen ou directeur. *Acquisitions, fournitures et travaux.* — V. *Justifications*, lettre G, p. 114 à 117, et lettre I, p. 118 à 121.	

FACULTÉS. — NOMENCLATURE SPÉCIALE DES PIÈCES JUSTIFICATIVES. (Suite.)

BUDGET EXTRAORDINAIRE.

CHAPITRE Iᵉʳ. — RECETTES.

ARTICLES DU BUDGET et NATURE DES RECETTES.	PIÈCES À PRODUIRE POUR LA JUSTIFICATION DES RECETTES.	OBSERVATIONS.
Capitaux provenant — de dons et legs......	Copies, certifiées par le doyen ou directeur : 1° de l'acte de donation ou de l'extrait du testament; 2° de la décision qui a autorisé l'acceptation.	
d'emprunts..........	Copies, certifiées par le doyen ou directeur, de la décision qui a autorisé l'emprunt, et de l'acte qui en a réglé les conditions.	
d'aliénations..........	Copies, certifiées par le doyen ou directeur : 1° des décisions qui ont autorisé les aliénations; 2° des procès-verbaux des ventes, lorsqu'elles ont été faites aux enchères publiques; 3° des marchés passés avec les acquéreurs, lorsque les ventes ont été effectuées en vertu de marchés de gré à gré. Si des aliénations ont été faites sans marché, un état dûment certifié indiquant la nature ou la quantité des objets vendus, le prix de l'unité et le produit de la vente.	
de remboursements.....	Copies, certifiées par le doyen ou directeur : 1° de la décision qui a autorisé le remboursement; 2° de l'acte relatif au remboursement ou, s'il s'agit d'une rente, du bordereau de l'agent de change qui a opéré le transfert.	
de coupes extraordinaires de bois.,..........	Extrait de la délibération du Conseil de la Faculté ou École, qui a autorisé la coupe; décompte du produit de l'opération par le secrétaire de la Faculté ou École ou, s'il y a lieu, par un préposé spécialement commis à cet effet. Lesdits extrait et décompte certifiés par le doyen ou directeur.	
de ressources autres que celles ci-dessus désignées.,..........	Copies des décisions portant attribution des recettes ou état indiquant le détail, le montant et l'affectation des recettes. Lesdites copies ou état certifiés par le doyen ou directeur.	

FACULTÉS. — NOMENCLATURE SPÉCIALE DES PIÈCES JUSTIFICATIVES. (Suite.)

BUDGET EXTRAORDINAIRE.

CHAPITRE II. — DÉPENSES.

ARTICLES DU BUDGET et NATURE DES DÉPENSES.	PIÈCES À PRODUIRE POUR LA JUSTIFICATION DES DÉPENSES.	OBSERVATIONS.
	Placements de fonds. — Bordereaux de l'agent de change, acquittés par lui, contenant le cours auquel l'achat du titre de rente ou des valeurs a été effectué. Copie, certifiée par le doyen ou directeur, de la décision qui a autorisé l'achat.	
Emploi des capitaux provenant { de dons et legs........ d'emprunts............. d'aliénations............ de remboursements...... de coupes extraordinaires de bois............... de ressources autres que celles ci-dessus désignées............	*Acquisitions d'immeubles.* — 1° Copies, certifiées par le doyen ou directeur, de la décision qui a autorisé l'acquisition; 2° pièces exigées par le présent règlement. Voir *Justifications*, lettre K, p. 125 et suivantes. *Frais de procédure.* — Mémoires certifiés, taxés par le président du tribunal, acquittés et visés. Extrait du jugement qui a condamné la Faculté ou l'École aux dépens, s'il y a lieu. Quittance des ayants-droit. Voir *Justifications*, lettre G, p. 114 à 117, pour les fournitures, et lettre I, p. 118 à 121, s'il s'agit de travaux.	

NOMENCLATURE SPÉCIALE DES PIÈCES JUSTIFICATIVES. (Suite.)

2° CORPS DES FACULTÉS.

BUDGET ORDINAIRE.

CHAPITRE Iᵉʳ. — RECETTES.

ARTICLES DU BUDGET et NATURE DES RECETTES.	PIÈCES À PRODUIRE POUR LA JUSTIFICATION DES RECETTES.	OBSERVATIONS.
Art. 1ᵉʳ. — Revenus des biens meubles et immeubles, et intérêts des fonds placés au Trésor...............	1° *Arrérages des dons et legs.* — Copie, certifiée par le président du Conseil général des Facultés, de l'état des dons et legs, avec indication du montant et de l'échéance des arrérages. 2° *Rentes sur l'État, loyers de bâtiments ou fermages de biens.* — État des propriétés du Corps des Facultés; copie ou extrait des baux. Si ces pièces ont déjà été fournies, indication des comptes auxquels elles ont été annexées. 3° *Intérêts des fonds placés en compte courant au Trésor.* — Copie, certifiée par le président du Conseil général des Facultés, du décompte des intérêts, dûment arrêté.	
Art. 2. — Produit des publications communes à plusieurs Facultés........	État, certifié par le président du Conseil général des Facultés, indiquant le nombre d'exemplaires vendus, le prix de l'unité et le produit de la vente.	
Art. 3. — Produit des opérations autorisées par le Ministre de l'Instruction publique, pour le compte de particuliers, dans des laboratoires communs à plusieurs Facultés et dont la dépense doit être remboursée conformément aux conditions déterminées par le Conseil général des Facultés.............	1.° Extrait de la décision ministérielle, certifié par le président du Conseil général des Facultés, autorisant les opérations. 2° État indiquant les laboratoires qui ont effectué les opérations, les noms des personnes aux compte desquelles elles ont été faites, le prix et la désignation de chacune des opérations suivant leur nature et d'après les conditions fixées par le Conseil général des Facultés; ledit état certifié par le président dudit Conseil.	
Art. 4. — Allocations consenties par des Facultés pour contribuer à des dépenses communes.................	Copies produites par le président du Conseil général des Facultés et certifiées par les doyens, des délibérations prises à cet effet par les Conseils des Facultés.	
Art. 5. — Subventions de l'État...	Extrait de l'ordonnance ministérielle émise au nom de l'agent comptable, certifié par le président du Conseil général des Facultés.	
Art. 6. — Subventions des départements, des communes, des établissements publics, des établissements d'utilité publique et des particuliers......	Extrait, certifié par le président du Conseil général des Facultés, de la délibération dûment approuvée du Conseil général du département, du Conseil municipal ou de l'établissement qui alloue la subvention, et de l'engagement pris par les particuliers de fournir la subvention.	
Art. 7. — Ressources autres que celles ci-dessus énumérées et ayant le caractère de revenus.............	Copies des décisions portant attribution des recettes ou état indiquant le détail, le montant et l'affectation des recettes. Lesdites copies ou état certifiés par le président du Conseil général des Facultés.	

BUDGET ORDINAIRE.

CHAPITRE II. — DÉPENSES.

ARTICLES DU BUDGET et NATURE DES DÉPENSES.	PIÈCES À PRODUIRE POUR LA JUSTIFICATION DES DÉPENSES.	OBSERVATIONS.
Art. 1er. — Impositions établies par les lois............................	Voir la *Nomenclature spéciale aux Facultés*, p. 136.	
Art. 2. — Dépenses du personnel imputables sur les revenus des dons et legs ou sur les subventions..........	Fournir les pièces exigées par le présent règlement. Voir *Justifications*, lettre A, p. 111; lettre B, p. 112; lettre F, p. 114.	
Art. 3. — Bourses payées à l'aide des mêmes ressources...............	Voir *Justifications*, lettre C, p. 113.	
Art. 4. — Dépenses de la bibliothèque universitaire....................	Voir *Justifications*, lettre G, p. 114 à 117, pour les fournitures, et lettre I, p. 118 à 121, s'il s'agit de travaux. Toutes les dépenses du matériel de la bibliothèque universitaire, doivent être certifiées par le bibliothécaire, et justifiées selon leur nature, et de la même manière que celles avec lesquelles elles ont le plus d'analogie et par des titres réguliers. En ce qui concerne les acquisitions de livres, notamment, les mémoires ou factures doivent être complétés par le certificat de réception et l'inscription des ouvrages au registre d'entrée-inventaire de la bibliothèque, avec mention des numéros d'inscription.	
Art. 5. — Entretien des bâtiments.	Voir *Justifications*, lettre G, p. 114 à 117 s'il s'agit de fournitures, et lettre I, p. 118 à 121, pour les travaux.	
Art. 6. — Entretien du mobilier...	Voir *Justifications*, lettre G, p. 114 à 117 pour les fournitures, et lettre I, p. 118 à 121, s'il s'agit de travaux.	
Art. 7. — Éclairage et chauffage...	Voir *Justifications*, lettre G, p. 114 à 117.	
Art. 8. — Impressions et frais de bureau.............................	*Idem.*	
Art. 9. — Frais matériels des examens.............................	*Idem.*	
Art. 10. — Entretien et accroissements des collections................	Voir la *Nomenclature spéciale aux Facultés*, p. 136.	
Art. 11. — Frais de cours et de laboratoire...........................	*Idem.* (p. 137).	
Art. 12. — Frais de travaux pratiques des étudiants................	*Idem.*	

CORPS DES FACULTÉS. — NOMENCLATURE SPÉCIALE DES PIÈCES JUSTIFICATIVES. (Suite.)

BUDGET ORDINAIRE.

CHAPITRE II. — DÉPENSES. (Suite.)

ARTICLES DU BUDGET et NATURE DES DÉPENSES.	PIÈCES À PRODUIRE POUR LA JUSTIFICATION DES DÉPENSES.	OBSERVATIONS.
Art. 13. — Frais des publications..	Copies ou extraits, certifiés par le président du Conseil général des Facultés, des traités passés avec les éditeurs. Pour le surplus (établissement et production des mémoires), voir *Justifications*, lettre G, p. 114 à 117.	
Art. 14. — Frais des opérations autorisées dans les laboratoires pour le compte de particuliers..............	I. *Frais des opérations.* — Mêmes justifications que pour les articles 10, 11 et 12 (collections, frais de cours et de laboratoire et travaux pratiques). II. *Indemnités aux opérateurs :* 1° Extrait, certifié par le président du Conseil général des Facultés, de la délibération dudit Conseil fixant l'indemnité et visant l'opération à laquelle elle se rapporte; 2° Acquit de l'ayant droit.	
Art. 15. — Acquisitions et allocations pour prix et médailles.........	I. *Pour les acquisitions.* — V. *Justifications*, lettre G, p. 114 à 117. II. *Pour les allocations :* 1° Extrait, certifié par le président du Conseil général des Facultés, de la délibération dudit Conseil relative aux concours et à l'allocation à attribuer au lauréat; 2° Acquit de l'ayant droit.	
Art. 16. — Rétribution de l'agent comptable.................	Voir la *Nomenclature spéciale aux Facultés*, p. 137, et modèle *n° 19 bis*, p. 297.	
Art. 17. — Acquittement des dettes exigibles.................	Mêmes justifications que pour les dépenses analogues portées dans la présente nomenclature.	
Art. 18. — Dépenses autres que celles ci-dessus énumérées et imputables sur les revenus annuels..........	Copies, s'il y a lieu, des décisions portant engagement des dépenses ou état indiquant le détail, le montant et l'emploi des dépenses. Lesdites copies ou état certifiés par le président du Conseil général des Facultés. *Acquisitions, fournitures et travaux.* V. *Justifications*, lettre G, p. 114 à 117, et lettre I, p. 118 à 121.	

CORPS DES FACULTÉS. — NOMENCLATURE SPÉCIALE DES PIÈCES JUSTIFICATIVES. (Suite.)

BUDGET EXTRAORDINAIRE.

CHAPITRE Ier. — RECETTES.

ARTICLES DU BUDGET et NATURE DES RECETTES.	PIÈCES À PRODUIRE POUR LA JUSTIFICATION DES RECETTES.	OBSERVATIONS.
Capitaux provenant — de dons et legs	Copies, certifiées par le président du Conseil général des Facultés : 1° de l'acte de donation ou de l'extrait du testament; 2° de la décision qui a autorisé l'acceptation.	
d'emprunts..............	Copies, certifiées par le président du Conseil général des Facultés, de la décision qui a autorisé l'emprunt, et de l'acte qui en a réglé les conditions.	
d'aliénations............	Copies, certifiées par le président du Conseil général des Facultés : 1° des décisions qui ont autorisé les aliénations; 2° des procès-verbaux des ventes lorsqu'elles ont été faites aux enchères publiques; 3° des marchés passés avec les acquéreurs, lorsque les ventes ont été effectuées en vertu de marchés de gré à gré. Si les aliénations ont été faites sans marché, un état dûment certifié indiquant la nature ou la quantité des objets vendus, le prix de l'unité et le produit de la vente.	
de remboursements.....	Copies, certifiées par le président du Conseil général des Facultés : 1° de la décision qui a autorisé le remboursement; 2° de l'acte relatif au remboursement ou, s'il s'agit d'une rente, du bordereau de l'agent de change qui a opéré le transfert.	
de coupes extraordinaires de bois.............	Extrait de la délibération du Conseil général des Facultés, qui a autorisé la coupe; décompte du produit de l'opération par le secrétaire du Corps des Facultés ou, s'il y a lieu, par un préposé spécialement commis à cet effet. Lesdits extrait et décompte certifiés par le président du Conseil général des Facultés.	
de ressources autres que celles ci-dessus désignées..............	Copies des décisions portant attribution des recettes ou état indiquant le détail, le montant et l'affectation des recettes. Lesdites copies ou état certifiés par le président du Conseil général des Facultés.	

CORPS DES FACULTÉS. — NOMENCLATURE SPÉCIALE DES PIÈCES JUSTIFICATIVES. (Suite.)

BUDGET EXTRAORDINAIRE.

CHAPITRE II. — DÉPENSES.

ARTICLES DU BUDGET et NATURE DES DÉPENSES.	PIÈCES À PRODUIRE POUR LA JUSTIFICATION DES DÉPENSES.	OBSERVATIONS.
Emploi des capitaux provenant { de dons et legs .... d'emprunts.......... d'aliénations.......... de remboursements.... de coupes extraordinaires de bois............ de ressources autres que celles ci-dessus désignées............	*Placements de fonds.* — Bordereaux de l'agent de change, acquittés par lui, contenant le cours auquel l'achat du titre de rente ou des valeurs a été effectué. Copie, certifiée par le président du Conseil général des Facultés, de la décision qui a autorisé l'achat. *Acquisitions d'immeubles.* — 1° Copies, certifiées par le président du Conseil général des Facultés, de la décision qui a autorisé l'acquisition ; 2° pièces exigées par le présent règlement. Voir *Justifications,* lettre K, p. 125 et suivantes. *Frais de procédure.* — Mémoires certifiés, taxés par le président du tribunal, acquittés et visés. Extrait du jugement qui a condamné le Corps des Facultés aux dépens, s'il y a lieu. Quittance des ayants droit. Voir *Justifications,* lettre G, p. 114 à 117, pour les fournitures, et lettre I, p. 118 à 121, s'il s'agit de travaux.	

FACULTÉS ET CORPS DE FACULTÉS.

SERVICES HORS BUDGET.

RECETTES ET DÉPENSES.

DISPOSITIONS GÉNÉRALES.

Les recettes des services hors budget sont effectuées, sans émission préalable de titres de perception, d'après les règles tracées dans la nomenclature ci-après.

Les dépenses de ces services peuvent être acquittées ou effectuées par l'agent comptable sans mandatement préalable, dans les conditions déterminées par la même nomenclature.

Toutes les opérations sont constatées au moyen des comptes dont le détail suit :

1. Frais de poursuites des créances des Facultés ou des Corps de Facultés.
2. Divers, L/c de retenues pour le service des pensions civiles.
3. Divers, L c de retenues en vertu d'oppositions juridiques et à divers titres.
4. Excédents de versements.
5. Recettes à classer ou à vérifier.
6. Recettes opérées par anticipation.
7. Recettes en atténuation de dépenses budgétaires.

S'il y avait lieu d'ouvrir de nouveaux comptes aux services hors budget, des instructions seraient, après entente entre les Ministres de l'Instruction publique et des Finances, adressées aux agents comptables pour leur indiquer la place que devraient occuper ces nouveaux comptes et pour leur faire connaître les justifications à produire.

En cas de mutations de fonctions, dans le cours de l'année, les justifications des recettes comme celles des payements sont rattachées au compte du comptable qui les a personnellement effectuées.

TITRES DES COMPTES.	ANALYSE DES DIVERS MODES D'ADMINISTRATION, DE COMPTABILITÉ, de recouvrement et de payement.
1	2
Frais de poursuites des créances des Facultés ou des Corps de Facultés..................	§ 1er. Les frais de poursuites sont avancés par l'agent comptable sur les fonds des Facultés ou du Corps des Facultés aux agents des poursuites judiciaires ou administratives, et recouvrés ensuite sur les redevables, auxquels il en est délivré récépissé. Les frais dûment alloués en non-valeurs sont remboursés au moyen d'un mandat budgétaire au nom de l'agent comptable.
Divers, L/c de retenues pour le service des pensions civiles.......................	§ 2. L'agent comptable se charge en recette des retenues opérées et s'en délivre quittance; le montant de ces retenues est versé à la fin de chaque mois au receveur des finances.
Divers, L/c de retenues pour oppositions juridiques et à divers titres.......................	§ 3. L'agent comptable se charge en recette, des retenues opérées et s'en délivre quittance; le montant des retenues pour oppositions est versé à la Caisse des dépôts et consignations.
Excédents de versements..................	§ 4. Ce compte est crédité du montant des réductions de recette qu'il y a lieu d'opérer sur les divers comptes budgétaires ou sur les services hors budget, lorsque les versements se trouvent excéder les droits définitivement liquidés après dégrèvements ou redressements d'erreurs ou de doubles emplois; l'agent comptable s'en délivre récépissé avec la désignation des motifs de la recette. Ce compte est débité : 1° Des remboursements que l'agent comptable peut effectuer d'office jusqu'à l'expiration de la cinquième année de l'exercice. 2° Du transport, aux ressources extraordinaires du budget, des sommes non réclamées au 1er janvier de la sixième année, sans préjudice du droit des parties intéressées à un remboursement ultérieur, s'il y a lieu, sur un crédit régulièrement ouvert au budget. § 5. Aucun transport de recette au compte *Excédents de versements* ne doit être opéré sur les recettes budgétaires d'un exercice clos. Dans ce cas, le remboursement doit être imputé directement sur un crédit régulièrement ouvert au budget.

CORPS DE FACULTÉS.

SERVICES HORS BUDGET.

PIÈCES À PRODUIRE PAR L'AGENT COMPTABLE

À L'APPUI DES RECETTES. 3	À L'APPUI DES DÉPENSES. 4
État nominatif des recettes effectuées, certifié par le comptable et visé par l'ordonnateur......	État des frais (T) dûment arrêté et taxé et revêtu de l'acquit des parties prenantes. *En ce qui concerne les produits assimilés pour le recouvrement aux contributions directes :* 1° État des frais dressé par les agents des poursuites dûment arrêté par l'ordonnateur et revêtu de l'acquit des parties (T) ; 2° Tarif des frais dûment approuvé.
États mensuels sommaires, et en fin d'année état nominatif présentant la récapitulation des traitements de l'année et des retenues y afférentes, ledit état certifié par l'ordonnateur............	Récépissé du Receveur des finances. Nota. Les bordereaux de détail des payements budgétaires relatent les retenues afférentes à chaque payement.
Mêmes états que ci-dessus...............	*Pour les retenues à la suite d'oppositions :* Récépissé du préposé de la Caisse des dépôts et consignations. *Pour les retenues à divers titres :* Récépissé délivré par le receveur des finances au titre du compte auquel la recette a été imputée.
État nominatif des recettes effectuées, certifié par le comptable et visé par l'ordonnateur.........	*Pour les remboursements :* Quittances (T) des parties intéressées. *Pour le transport aux ressources extraordinaires des sommes non réclamées depuis cinq ans :* Quittance de l'agent comptable.

TITRES DES COMPTES.	ANALYSE DE DIVERS MODES D'ADMINISTRATION, DE COMPTABILITÉ, de recouvrement et de payement.
1	2
Recettes à classer ou à vérifier..............	§ 6. Ce compte est crédité de toutes les recettes opérées directement par le comptable et donnant lieu à une vérification qui ne peut être faite immédiatement; il est débité, après vérification, par le transport à un autre compte, soit budgétaire, soit hors budget. Les sommes perçues en trop sont transportées aux excédents de versements.
Recettes opérées par anticipation.............	§ 7. Les sommes que les débiteurs de la Faculté ou École ou du Corps des Facultés versent par anticipation avant l'ouverture de l'exercice auquel les produits appartiennent d'après l'époque de leur exigibité, sont classées provisoirement à ce compte; dès l'ouverture de l'exercice elles sont imputées aux différents comptes budgétaires. § 8. Un paragraphe distinct est affecté aux produits de chaque exercice.
Recettes en atténuation de dépenses budgétaires..	§ 9. Ce compte est crédité des reversements opérés pour trop payé sur dépenses budgétaires des exercice en cours ou pour avances de fonds demeurés sans emploi entre les mains des régisseurs comptables des divers services. Le montant de ces reversements est ensuite rétabli aux crédits budgétaires par voie d'annulation de payements sur lesquels ils portent et qui sont réimputés au débit du présent compte. Lorsqu'un reversement ne peut plus être rétabli au crédit qui avait supporté la dépense, il est transporté aux ressources extraordinaires de l'exercice courant. § 10. Un compte distinct est ouvert à chaque exercice.

)RPS DE FACULTÉS.

RVICES HORS BUDGET (Suite).

PIÈCES À PRODUIRE PAR L'AGENT COMPTABLE

À L'APPUI DES RECETTES. 3	À L'APPUI DES DÉPENSES. 4
État nominatif des recettes effectuées, certifié par le comptable et visé par l'ordonnateur........	Quittances de l'agent comptable constatant l'imputation définitive des recettes.
Même justification que ci-dessus............	Même justification.
Relevé des recettes effectuées, certifié par le comptable, visé par l'ordonnateur, et présentant la distinction des reversements par année et par gestion auxquels s'appliquent les payements qui y ont donné lieu.......................	*Pour les rétablissements de crédits budgétaires :* Bordereaux distincts, par exercice et par article, dressés par l'ordonnateur et indiquant la date, le numéro et le montant des mandats sur lesquels porte la restitution, ainsi que la date et le numéro de la quittance à souche constatant le reversement. *Pour le transport aux produits budgétaires :* Quittance à souche du comptable.

FACULTÉS ET ÉTABLISSEMENTS ASSIMILÉS

MODÈLES

FACULTÉ ou ÉCOLE de   d   MODÈLE Nº 1.

BUDGET DE L'EXERCICE 189 .

(Art. 51 de la loi du 17 juillet 1889 et décret du 10 août 1893.)

1º BUDGET ORDINAIRE.

CHAPITRE 1ᵉʳ. — RECETTES.

NUMÉROS DES ARTICLES.	NATURE DES RECETTES.	RECETTES				OBSERVATIONS.
		PORTÉES au budget de l'exercice 189 .	PRÉVUES par le Conseil de la Faculté ou École pour l'exercice 189 .	PRÉVUES par le Conseil général des Facultés pour l'exercice 189 .	ARRÊTÉES par le Ministre pour l'exercice 189 .	
1	§ 1ᵉʳ. — Revenus des biens meubles et immeubles, savoir : . . . . § 2. — Intérêts des fonds placés au Trésor					
2	Produit des publications de la Faculté ou École					
3	Produit des opérations autorisées par le Ministre de l'Instruction publique, pour le compte de particuliers, dans des laboratoires de la Faculté ou École et dont la dépense doit être remboursée conformément aux conditions déterminées par le Conseil de la Faculté ou École					
4	Subventions de l'État					
5	Subventions des départements, des communes, des établissements publics, des établissements d'utilité publique et des particuliers, savoir :					
6.	Ressources autres que celles ci-dessus énumérées et ayant le caractère de revenus					
	TOTAL des recettes					

CHAPITRE II. — DÉPENSES.

NUMÉROS DES ARTICLES.	NATURE DES DÉPENSES.	DÉPENSES				OBSERVATIONS.
		PORTÉES au budget de l'exercice 189 .	PRÉVUES par le Conseil de la Faculté ou École pour l'exercice 189 .	PRÉVUES par le Conseil général des Facultés pour l'exercice 189 .	ARRÊTÉES par le Ministre pour l'exercice 189 .	
1	Impositions établies par les lois..................					
2	Dépenses du personnel imputables sur le revenu des dons et legs ou sur les subventions, savoir :					
3	Bourses payées à l'aide des mêmes ressources, savoir :					
4	Entretien des bâtiments......................					
5	Entretien du mobilier........................					
6	Éclairage et chauffage.......................					
7	Impressions et frais de bureau..................					
8	Frais matériels des examens....................					
9	Entretien et accroissement des collections...........					
10	Frais de cours et de laboratoire..................					
11	Frais de travaux pratiques des étudiants...........					
12	Frais des publications........................					
13	Frais des opérations autorisées dans les laboratoires pour le compte de particuliers..................					
14	Acquisitions et allocations pour prix et médailles, savoir : (*Désigner les dons et legs et les subventions.*)					
15	Rétribution de l'agent comptable.................					
16	Acquittement des dettes exigibles................					
17	Dépenses autres que celles ci-dessus énumérées et imputables sur les revenus annuels................					
	TOTAL des dépenses..........					

2° BUDGET EXTRAORDINAIRE.

CHAPITRE 1ᵉʳ. — RECETTES.

NATURE DES RECETTES.	RECETTES				OBSERVATIONS.
	PORTÉES au budget de l'exercice 189 .	PRÉVUES par le Conseil de la Faculté ou École pour l'exercice 189 .	PRÉVUES par le Conseil général des Facultés pour l'exercice 189 .	ARRÊTÉES par le Ministre pour l'exercice 189 .	
Capitaux provenant { de dons et legs............					
d'emprunts............					
d'aliénations............					
de remboursements............					
de coupes extraordinaires de bois..........					
de ressources autres que celles ci-dessus désignées............					
Total des recettes............					

CHAPITRE II. — DÉPENSES.

NATURE DES DÉPENSES.	DÉPENSES				OBSERVATIONS.
	PORTÉES au budget de l'exercice 189 .	PRÉVUES par le Conseil de la Faculté ou École pour l'exercice 189 .	PRÉVUES par le Conseil général des Facultés pour l'exercice 189 .	ARRÊTÉES par le Ministre pour l'exercice 189 .	
Emploi des capitaux provenant de dons et legs, d'emprunts, d'aliénations, de remboursements, etc.	*(Ouvrir, quand il y a lieu, l'article ou les articles nécessaires et désigner l'objet des dépenses.)*				
Total des dépenses............					

Vᴜ

Vu l'article 51 de la loi du 17 juillet 1889 ;

Vu le décret du 25 juillet 1885 ;

Vu le décret du 28 décembre 1885 modifié par le décret du 9 août 1893 ;

Vu le décret du 10 août 1893 ;

Vu l'avis du Conseil de la (Faculté ou École) d   d   en date du

Le (Doyen ou Directeur), soussigné, demande que le budget de la (Faculté ou École) de

d   soit fixé, pour l'exercice 189   , savoir :

Budget ordinaire. . . . . { En recettes, à la somme de
                               { En dépenses, à la somme de

Budget extraordinaire. . . . { En recettes, à la somme de
                             { En dépenses, à la somme de

A   , le   189.

Le Conseil général des Facultés de l'Académie d   , après en avoir délibéré, propose de fixer, pour l'exercice 189   , le budget de la (Faculté ou École) de   d

savoir :

Budget ordinaire. . . . . . . { En recettes, à la somme de
                             { En dépenses, à la somme de

Budget extraordinaire. . . . { En recettes, à la somme de
                             { En dépenses, à la somme de

A   , le   189   .

Le Recteur,
Président du Conseil général des Facultés,

Le Ministre de l'Instruction publique arrête le budget de la (Faculté ou École) de

d   pour l'exercice 189   , savoir :

Budget ordinaire. . . . . . . { En recettes, à la somme de
                             { En dépenses, à la somme de

Budget extraordinaire. . . . { En recettes, à la somme de
                             { En dépenses, à la somme de

Fait à Paris, le   189

MINISTÈRE
DE L'INSTRUCTION
PUBLIQUE.

DIRECTION
DE
L'ENSEIGNEMENT SUPÉRIEUR.

3ᵉ BUREAU.

MODÈLE Nº 2.

FACULTÉ ou ÉCOLE de _______ d

BUDGET ADDITIONNEL DE L'EXERCICE 189 .

(Sommes à reporter en recettes et en dépenses de 189   à 189   .)

1º BUDGET ORDINAIRE.

CHAPITRE 1ᴿ. — RECETTES.

NUMÉROS DES ARTICLES du budget de l'exercice 189	NATURE DES RECETTES.	RECETTES. RECOUVREMᵗˢ effectués pendant l'exerᶜᵉ 189 (du 1ᵉʳ janvier 189 au 30 mars 189 .)	RESTES à recouvrer au 30 mars 189 .	TOTAL des recettes propres à l'exercice.	DÉPENSES de L'EXERCICE 189 payées au 30 mars 189 .	RESSOURCES DISPONIBLES de l'exercice 189 à reporter à l'exercice 189 .	OBSERVATIONS.
1	2	3	4	5	6	7	8
1	§ 1ᵉʳ. Revenus des biens meubles et immeubles. § 2. Intérêts des fonds placés au Trésor....						
2	Produit des publications de la Faculté ou École..........................						
3	Produit des opérations autorisées par le Ministre de l'Instruction publique, pour le compte de particuliers, dans les laboratoires de la Faculté ou École et dont la dépense doit être remboursée conformément aux conditions déterminées par le Conseil de la Faculté ou École................						
4	Subventions de l'État................						
5	Subventions des départements, des communes, des établissements publics, des établissements d'utilité publique et des particuliers.						
6	Ressources autres que celles ci-dessus énumérées et ayant le caractère de revenus ..						
	TOTAL des recettes............						

CHAPITRE II. — DÉPENSES.

NUMEROS DES ARTICLES du budget de l'exercice 189 .	NATURE DES DÉPENSES.	CRÉDITS FIXÉS au budget de 189 ou accordés par décisions spéciales.	DÉPENSES MANDATÉES au 1ᵉʳ mars 189 .	DÉPENSES PAYÉES au 30 mars 189 .	RESTES à PAYER à reporter au budget de l'exercice 189 .	CRÉDITS NON EMPLOYÉS reportés à l'exercice 189 .	OBSERVATIONS.
1	2	3	4	5	6	7	8
1	Impositions établies par les lois..........						
2	Dépenses du personnel imputables sur le revenu des dons et legs ou sur les subventions...........................						
3	Bourses payées à l'aide des mêmes ressources.						
4	Entretien des bâtiments.................						
5	Entretien du mobilier...................						
6	Éclairage et chauffage..................						
7	Impressions et frais de bureau...........						
8	Frais matériels des examens.............						
9	Entretien et accroissement des collections...						
10	Frais de cours et de laboratoire..........						
11	Frais de travaux pratiques des étudiants....						
12	Frais des publications..................						
13	Frais des opérations autorisées dans les laboratoires pour le compte de particuliers...						
14	Acquisitions et allocations pour prix et médailles, savoir : *(Désigner les dons et legs et les subventions.)*						
15	Rétribution de l'agent comptable..........						
16	Acquittement des dettes exigibles, savoir : Exercice 189 .... Exercice 189 .... Exercice 189 .... Exercice 189 .... Exercice 189						(Suivant état nominatif ci-joint.)
17	Dépenses autres que celles ci-dessus énumérées et imputables sur les revenus annuels.						
	TOTAL des dépenses.......						

2° BUDGET EXTRAORDINAIRE.

CHAPITRE 1ᴱᴿ. — RECETTES.

NATURE DES RECETTES.	RECETTES.			DÉPENSES de L'EXERCICE 189 payées au 3o mars 189 .	RES-SOURCES DISPONIBLES de l'exercice 189 à reporter à l'exercice 189 .	OBSERVATIONS.
	RECOUVREM⁺ˢ effectués pendant l'exerc°° 189 (du 1ᵉʳ janvier 189 au 3o mars 189).	RESTÉS à recouvrer au 3o mars 189 .	TOTAL des recettes propres à l'exercice.			
1	2	3	4	5	6	7
Emploi des capitaux provenant { de dons et legs.....................						
d'emprunts......................						
d'aliénations.....................						
de remboursements...............						
de coupes extraordinaires de bois.....						
de ressources autres que celles ci-dessus désignées.....................						
TOTAL des recettes.............						

CHAPITRE II. — DÉPENSES.

NATURE DES DÉPENSES.	CRÉDITS FIXÉS au budget de 189 ou accordés par décisions spéciales.	DÉPENSES MANDATÉES au 1ᵉʳ mars 189 .	DÉPENSES PAYÉES au 3o mars 189 .	RESTES À PAYER à reporter au budget de l'exercice 189 .	CRÉDITS NON EMPLOYÉS reportés à l'exercice 189 .	OBSERVATIONS.
1	2	3	4	5	6	7
Emploi des capitaux provenant de dons et legs, d'emprunts, d'aliénations, de remboursements, etc. { *(Ouvrir, quand il y a lieu, l'article ou les articles nécessaires et désigner l'objet des dépenses.)*						
TOTAL des dépenses............						

Vu

Vu l'article 51 de la loi du 17 juillet 1889;

Vu le décret du 25 juillet 1885;

Vu le décret du 28 décembre 1885 modifié par le décret du 9 août 1893;

Vu le décret du 10 août 1893;

Vu l'avis du Conseil de la (Faculté ou École) de   d

en date du

 Le (Doyen ou Directeur), soussigné, demande que le budget additionnel de la (Faculté ou École) de
    soit fixé pour l'exercice 189 ainsi qu'il suit:

Budget ordinaire....
  Restes disponibles de l'exercice 189 à reporter à l'exercice 189, à la somme de
               savoir :
  1° *Restes à payer de l'exercice 189* :
  2° *Crédits non employés en 189* :

Budget extraordinaire.
  Restes disponibles de l'exercice 189 à reporter à l'exercice 189, à la somme de
               savoir :
  1° *Restes à payer de l'exercice 189* :
  2° *Crédits non employés en 189* :

    A   , le   189 .

 Le Conseil général des Facultés de l'Académie d   , après en avoir délibéré,
propose de fixer, pour l'exercice 189 le budget additionnel de la (Faculté ou École) de
     d   , ainsi qu'il suit :

Budget ordinaire....
  Restes disponibles de l'exercice 189 à reporter à l'exercice 189, à la somme de
               savoir :
  1° *Restes à payer de l'exercice 189* :
  2° *Crédits non employés en 189* :

Budget extraordinaire.
  Restes disponibles de l'exercice 189 à reporter à l'exercice 189, à la somme de
               savoir :
  1° *Restes à payer de l'exercice 189* :
  2° *Crédits non employés en 189* :

    A   , le   189 .

Le Recteur,
Président du Conseil général des Facultés,

 Le Ministre de l'Instruction publique arrête comme il suit pour l'exercice 189 le budget additionnel de la
(Faculté ou École) de   d   :

Budget ordinaire....
  Restes disponibles de l'exercice 189 à reporter à l'exercice 189, à la somme de
               savoir :
  1° *Restes à payer de l'exercice 189* :
  2° *Crédits non employés en 189* :

Budget extraordinaire.
  Restes disponibles de l'exercice 189 à reporter à l'exercice 189, à la somme de
               savoir :
  1° *Restes à payer de l'exercice 189* :
  2° *Crédits non employés en 189* :

    Fait à Paris, le   189 .

MINISTÈRE
DE L'INSTRUCTION
PUBLIQUE.

FACULTÉ *ou* ÉCOLE

de

d

Somme :

Chapitre

Article

du budget (ordinaire ou extraordinaire) *de 189* .

MODÈLE N°. 3.

(*Format tellière.*)

TITRE DE PERCEPTION.

LE (DOYEN *ou* DIRECTEUR) DE LA (FACULTÉ *ou* ÉCOLE) DE

d

Vu l'article 51 de la loi de finances du 17 juillet 1889 et le décret du 10 août 1893 ;

ARRÊTE :

L'Agent comptable de la (Faculté *ou* École) de

d   est autorisé à faire recette au compte de ladite (Faculté *ou* École) de la somme de

montant d

Fait à   , le   189   .

21

MODÈLE N° 4.

(*Format tellière.*)

MINISTÈRE
DE L'INSTRUCTION
PUBLIQUE.

FACULTÉ ou ÉCOLE

de

d

SOMME À REMBOURSER :

fr.

AUTORISATION DE REMBOURSEMENT

sur les fonds déposés au Trésor public, avec intérêts, par la (Faculté ou École) de   d

Le (Doyen ou Directeur) de la (Faculté ou École) de
d

Vu les arrêtés du Ministre des Finances en date des 25 novembre 1824, 26 décembre 1825 et 4 juillet 1839, sur le mode et les conditions des placements en compte courant faits au Trésor par les établissements publics;

Vu le décret du 10 août 1893 sur la comptabilité des Facultés et établissements assimilés;

Considérant que les besoins de ladite (Faculté ou École) exigent le remboursement d'une partie de ses fonds déposés au Trésor, à l'effet de pourvoir au payement des dépenses allouées par le budget;

Vu le compte courant de la (Faculté ou École) avec le Trésor public, d'où il résulte que le crédit actuellement déposé est de

ARRÊTE :

Le (A)   remboursera à
l'Agent comptable de la (Faculté ou École) de
d
la somme de   sur les
fonds déposés par cet établissement au Trésor public.

Le présent mandat, dûment acquitté par l'agent comptable, sera alloué en dépense au (A)

A   , le   189 .

Pour acquit de la somme de

A   , le   189 .

L'Agent comptable,

(A) POUR PARIS : le Receveur central de la Seine;
POUR LES DÉPARTEMENTS : le Trésorier-Payeur général ou Receveur particulier de l'arrondissement.

21.

(*Format tellière.*)

MINISTÈRE DE L'INSTRUCTION PUBLIQUE.

FACULTÉ *ou* ÉCOLE de   d

(Art. 51 de la loi du 17 juillet 1889 et décret du 10 août 1893.)

MANDAT DE PAYEMENT.

EXERCICE 189 .

CHAPITRE 1er. — ART.   DU BUDGET (*ORDINAIRE OU EXTRAORDINAIRE*).

(Décision ministérielle du   .)

En vertu des crédits ouverts au budget de la (Faculté ou École) de   d
M.   *, Agent comptable de ladite (Faculté ou École), payera à la partie prenante,*
pour les motifs ci-après, SAVOIR :

DÉSIGNATION DE LA PARTIE PRENANTE.	OBJET DU PAYEMENT.	SOMMES.	INDICATION DES PIÈCES PRODUITES à l'agent comptable à l'appui du présent mandat.

Vɑ :

L'Agent comptable,

Le présent mandat, montant à la somme de

délivré par nous, (Doyen *ou* Directeur) de la (Faculté *ou* École) de   d

A   , le   189 .

NOTA. La quittance de la partie prenante doit être datée du jour du payement.

Pour quittance de la somme ci-dessus :

A   , le

MINISTÈRE
DE L'INSTRUCTION
PUBLIQUE.

Modèle n° 6.

(Format couronne.)

N°
D'ORDRE DU BORDEREAU.

La série des numéros d'ordre doit être suivie sans interruption depuis le commencement jusqu'à la fin de l'exercice.

FACULTÉ *ou* ÉCOLE de   d

EXERCICE 189 .

JOURNÉE DU   189 .

BORDEREAU détaillé des mandats collectifs ou individuels délivrés dans le cours de la présente journée, sur la caisse de l'Agent comptable de la (Faculté ou École) de   d par le (Doyen ou Directeur), soussigné.

NUMÉROS d'ordre des mandats.	NOMS ET PRÉNOMS des PARTIES PRENANTES.	OBJET DE LA DÉPENSE.	ARTICLES DU BUDGET sur lesquels les mandats sont imputés.	SOMMES à PAYER.	TOTAL par ARTICLE.	NOMBRE DES PIÈCES justificatives annexées à chaque mandat.	DATE DES PAYEMENTS.
		TOTAL				. . . .	

(1) Énoncer la somme en toutes lettres.
(2) Nombre à mentionner.

CERTIFIÉ par moi, (Doyen *ou* Directeur) de la (Faculté *ou* École) de   d   le présent bordereau montant à la somme de (1)
et accompagné de (2)   mandats à viser par l'Agent comptable de la (Faculté *ou* École).

A   , le   189 .

Renvoyé à M. le (Doyen *ou* Directeur) de la (Faculté *ou* École) de
d   mandats visés.

A   , le   189 .

L'Agent comptable,

Reçu les mandats dont le renvoi est indiqué ci-contre.

A   ,   189 .

Le (Doyen ou Directeur),

[illegible]   [illegible]   [illegible]

[illegible]

[illegible]

[illegible]	[illegible]	[illegible]
[illegible]	[illegible]	[illegible]

[illegible]

[illegible]

[illegible]

MINISTÈRE
DE L'INSTRUCTION
PUBLIQUE.

MODÈLE N° 7.

(Format tellière.)

Les imputations de payement reconnues erronées sont rectifiées au moyen de certificats du présent modèle délivrés par l'ordonnateur.

Les changements d'imputation ne sont toutefois admis que jusqu'au 3o mars de la seconde année de l'exercice.

FACULTÉ *ou* ÉCOLE DE

d

CERTIFICAT DE RÉIMPUTATION.

Le *(Doyen* ou *Directeur)* de la *(Faculté* ou *École)* de   d   certifie que l'imputation des mandats énumérés ci-après doit être rectifiée conformément aux indications du tableau qui suit :

NUMÉROS des mandats.	DATE DES MANDATS.	DÉSIGNATION des PARTIES PRENANTES.	OBJET de LA DÉPENSE.	MONTANT des MANDATS.	IMPUTATIONS						OBSERVATIONS.
					ACTUELLES.			NOUVELLES.			
					Exercice.	Budget.	Article.	Exercice.	Budget.	Article.	
1	2	3	4	5	6	7	8	9	10	11	12

A   , le   189 .

Le (Doyen ou *Directeur),*

[illegible]

MINISTÈRE
DE L'INSTRUCTION
PUBLIQUE.

MODÈLE N° 8.

(*Format tellière.*)

ORDRE DE REVERSEMENT.

EXERCICE 189 .

FACULTÉ *ou* ÉCOLE DE   D

CHAPITRE 1ᵉʳ. — ARTICLE   DU BUDGET (*ORDINAIRE OU EXTRAORDINAIRE*).

M.

est requis de verser à la Caisse de l'Agent comptable de la (Faculté *ou* École) de

d   , la somme dont l'indication suit, pour les motifs ci-après énoncés, savoir :

DÉSIGNATION DU MANDAT SUR LEQUEL doit porter le reversement.			MOTIFS DU REVERSEMENT À OPÉRER.	MONTANT DE LA SOMME à reverser.	OBSERVATIONS.
Nu-méro.	Date.	Montant.			

ARRÊTE le présent état à la somme de (1)

A   , le   189 .

Le (Doyen ou Directeur) de la (Faculté *ou* École) de   d

(1) Somme en toutes lettres.

22.

Modèle n° 9.

(Format Écu.)

MINISTÈRE DE L'INSTRUCTION PUBLIQUE.

FACULTÉ *ou* ÉCOLE DE   D

LABORATOIRE DE [1]

OPÉRATIONS EFFECTUÉES POUR LE COMPTE DES PARTICULIERS.

REGISTRE-QUITTANCE DES SOMMES PERÇUES.

(Art. 13 du décret du 10 août 1893.)

[1] Désigner le service.

Suite du MODÈLE N° 9.

	SOMMES PERÇUES.	

FACULTÉ *OU* **ÉCOLE DE**   **D**

LABORATOIRE DE

N° 1.   Du   189 .

Opération effectuée le   pour le
compte de M..   , demeurant
à   , savoir :
(1)
somme perçue : (2)
suivant tarif arrêté par délibération du Conseil de la
(Faculté ou École) de   d
en date du
         Le Préposé,

FACULTÉ *OU* **ÉCOLE DE**   **D**

LABORATOIRE DE

N° 2.   Du   189 .

Opération effectuée le   pour le
compte de M..   , demeurant
à   , savoir :
(1)
somme perçue : (2)
suivant tarif arrêté par délibération du Conseil de la
(Faculté ou École) de   d
en date du
         Le Préposé,

FACULTÉ *OU* **ÉCOLE DE**   **D**

LABORATOIRE DE

N° 3.   Du   189 .

Opération effectuée le   pour le
compte de M..   , demeurant
à   , savoir
(1)
somme perçue : (2)
suivant tarif arrêté par délibération du Conseil de la
(Faculté ou École) de   d
en date du
         Le Préposé,

FACULTÉ *OU* **ÉCOLE DE**   **D**

LABORATOIRE DE

N° 4.   Du   189 .

Opération effectuée le   pour le
compte de M.   , demeurant
à   , savoir :
(1)
somme perçue : (2)
suivant tarif arrêté par délibération du Conseil de la
(Faculté ou École) de   d
en date du
         Le Préposé,

            A reporter...

LABORATOIRE DE (3)

FACULTÉ *OU* **ÉCOLE DE**   **D**

LABORATOIRE DE

N° 1.   Du   189 .

Reçu de M.   demeurant à
la somme de (2)   pour l'opération effectuée
le   dans ledit laboratoire et relative
à (4)
     A   , le   189 .
         Le Préposé,

FACULTÉ *OU* **ÉCOLE DE**   **D**

LABORATOIRE DE

N° 2.   Du   189 .

Reçu de M.   demeurant à
la somme de (2)   pour l'opération effectuée
le   dans ledit laboratoire et relative
à (4)
     A   , le   189 .
         Le Préposé,

FACULTÉ *OU* **ÉCOLE DE**   **D**

LABORATOIRE DE

N° 3.   Du   189 .

Reçu de M.   demeurant à
la somme de (2)   pour l'opération effectuée
le   dans ledit laboratoire et relative
à (4)
     A   , le   189 .
         Le Préposé,

FACULTÉ *OU* **ÉCOLE DE**   **D**

LABORATOIRE DE

N° 4.   Du   189 .

Reçu de M.   demeurant à
la somme de (2)   pour l'opération effectuée
le   dans ledit laboratoire et relative
à (4)
     À   , le   189 .
         Le Préposé,

---

(1) Désigner la nature de l'opération (expertise, analyse, etc.)
(2) Porter la somme en toutes lettres et la reproduire en chiffres dans la colonne intitulée *Sommes perçues* ; cette colonne doit être totalisée au bas de chaque page et le total reporté au feuillet suivant.
(3) À compléter lors de l'impression du registre.
(4) Désigner l'opération.

Extrait de la délibération du Conseil de la (Faculté *ou* École) de
d   en date du   189 .

Tarif des opérations qui pourront être effectuées dans le laboratoire
de   pour le compte des particuliers, savoir :

(*Tarif à reproduire ici.*)

N. B. — Les opérations qui n'ont pu être déterminées dans le tarif courant font l'objet de délibérations spéciales du Conseil de la (Faculté *ou* École).

Extrait de la délibération du Conseil de la (Faculté *ou* École) de
d   en date du   189 .

Tarif des opérations qui pourront être effectuées dans le laboratoire
de   pour le compte des particuliers, savoir :

(*Tarif à reproduire ici.*)

N. B. — Les opérations qui n'ont pu être déterminées dans le tarif courant font l'objet de délibérations spéciales du Conseil de la (Faculté *ou* École).

Extrait de la délibération du Conseil de la (Faculté *ou* École) de
d   en date du   189 .

Tarif des opérations qui pourront être effectuées dans le laboratoire
de   pour le compte des particuliers, savoir :

(*Tarif à reproduire ici.*)

N. B. — Les opérations qui n'ont pu être déterminées dans le tarif courant font l'objet de délibérations spéciales du Conseil de la (Faculté *ou* École.)

Extrait de la délibération du Conseil de la (Faculté *ou* École) de
d   en date du   189 .

Tarif des opérations qui pourront être effectuées dans le laboratoire
de   pour le compte des particuliers, savoir :

(*Tarif à reproduire ici.*)

N. B. — Les opérations qui n'ont pu être déterminées dans le tarif courant font l'objet de délibérations spéciales du Conseil de la (Faculté *ou* École).

Extrait de la délibération du Conseil de la (Faculté *ou* École) de
d   en date du   189 .

Tarif des opérations qui pourront être effectuées dans le laboratoire de   pour le compte des particuliers, savoir :

(*Tarif à reproduire ici.*)

N. B. — Les opérations qui n'ont pu être déterminées dans le tarif courant font l'objet de délibérations spéciales du Conseil de la (Faculté *ou* École).

Extrait de la délibération du Conseil de la (Faculté *ou* École) de
d   en date du   189 .

Tarif des opérations qui pourront être effectuées dans le laboratoire de   pour le compte des particuliers, savoir :

(*Tarif à reproduire ici.*)

N. B. — Les opérations qui n'ont pu être déterminées dans le tarif courant font l'objet de délibérations spéciales du Conseil de la (Faculté *ou* École).

Extrait de la délibération du Conseil de la (Faculté *ou* École) de
d   en date du   189 .

Tarif des opérations qui pourront être effectuées dans le laboratoire de   pour le compte des particuliers, savoir :

(*Tarif à reproduire ici.*)

N. B. — Les opérations qui n'ont pu être déterminées dans le tarif courant font l'objet de délibérations spéciales du Conseil de la (Faculté *ou* École).

Extrait de la délibération du Conseil de la (Faculté *ou* École) de
d   en date du   189 .

Tarif des opérations qui pourront être effectuées dans le laboratoire de   pour le compte des particuliers, savoir :

(*Tarif à reproduire ici.*)

N. B. — Les opérations qui n'ont pu être déterminées dans le tarif courant font l'objet de délibérations spéciales du Conseil de la (Faculté *ou* École).

MINISTÈRE
DE L'INSTRUCTION
PUBLIQUE.

FACULTÉ ou ÉCOLE DE

d

MODÈLE N° 10.

(Format couronne.)

EXERCICE 189 .

BUDGET (ORDINAIRE ou EXTRAORDINAIRE.)

ARTICLE .

Bordereau des quittances et pièces remises à l'Agent comptable de la (Faculté ou École) de
par M. Régisseur d[1] *de ladite (Faculté ou École)*
pour justifier de l'emploi de l'avance de [2] *qui lui a été faite*
le [3] *189 , en vertu d'un mandat délivré le sous le n°*

NUMÉROS D'ORDRE [4]	DÉSIGNATION DES PIÈCES.	NATURE DES DÉPENSES.	MONTANT de CHAQUE ACQUIT ou facture.	NOMS des PARTIES PRENANTES [5].	OBSERVATIONS.
1	Une facture........ ..	Fourniture de deux clefs....	2^f 50^c		
2	Une lettre de voiture...	Transport d'une caisse......	10 30		
3	Un reçu............ ...	Salaire de jardiniers........	28 00		
4	....	....			
5	....	....			
6	....	....			
	MONTANT du présent bordereau........		40 80		
	Dont à déduire pour être payé sur les avances ultérieures, la somme de.................................		0 80		
	TOTAL PAREIL au montant de l'avance du 189 .		40 00		

Le présent bordereau, comprenant [6] pièces à l'appui, arrêté à la somme de [7]
par le Régisseur soussigné.

Vu : A , le 189 .
Le (Doyen ou Directeur),

---

[1] Désigner le service de la Faculté ou École (*Laboratoire, Service administratif ou général*).
[2] Indiquer la somme en toutes lettres.
[3] Date du versement de l'avance.
[4] Numéro à reproduire en tête de la pièce qu'il concerne.
[5] Porter simplement le nom sans autre désignation.
[6] Nombre de pièces d'après les numéros d'ordre.
[7] En toutes lettres.

MINISTÈRE
DE L'INSTRUCTION
PUBLIQUE.

DIRECTION
DE
L'ENSEIGNEMENT SUPÉRIEUR.

3ᵉ BUREAU.

Modèle N° 11.

FACULTÉ *ou* ÉCOLE DE   D

COMPTE D'ADMINISTRATION

RENDU PAR M.

(DOYEN *ou* DIRECTEUR.)

EXERCICE 189 .

23.

1° BUDGET ORDINAIRE.

CHAPITRE 1ᴱᴿ. — RECETTES.

Nᵒˢ des ARTICLES du budget.	NATURE DES RECETTES.	SOMMES À RECOUVRER au compte de l'exercice 189 .		RECOUVREMENTS EFFECTUÉS pendant l'exercice 189 (Du 1ᵉʳ janvier 189 au 3o mars 189 .)	RESTES À RECOUVRER au 3o mars 189 . à reporter à l'exercice 189 .	OBSERVATIONS.
		Fixation provisoire d'après le budget primitif et les autorisations spéciales.	Montant des produits d'après les titres et actes justificatifs.			
1	§ 1ᵉʳ. Revenus des biens, meubles et immeubles, savoir : . . . . § 2. Intérêts des fonds placés au Trésor.					
2	Produit des publications de la (Faculté ou École).					
3	Produit des opérations autorisées par le Ministre de l'Instruction publique pour le compte de particuliers dans des laboratoires de la (Faculté ou École) et dont la dépense doit être remboursée conformément aux conditions déterminées par le Conseil de la (Faculté ou École).					
4	Subventions de l'État.					
5	Subventions des départements, des communes, des établissements publics, des établissements d'utilité publique et des particuliers, savoir :					
6	Ressources autres que celles ci-dessus énumérées et ayant le caractère de revenus, savoir :					
	TOTAL des recettes ordinaires.					

BUDGET ORDINAIRE. (Suite.)

CHAPITRE II. — DÉPENSES.

N^os des ARTI-CLES du budget.	NATURE DES DÉPENSES.	CRÉDITS ouverts par le budget et par des décisions spéciales.	MANDATS émis au profit des créanciers.	PAYE-MENTS effectués pendant l'exercice 189 . (Du 1er janvier 189 au 30 mars 189).	RESTES à payer au 30 mars 189 , à reporter à l'exercice 189 .	SOMMES non employées sur l'exercice 189 à reporter à l'exercice 189 .	OBSERVATIONS.
1	2	3	4	5	6	7	8
1	Impositions établies par les lois..............						
2	Dépenses du personnel imputables sur le revenu des dons et legs ou sur les subventions....... *(Indiquer les noms des fonctionnaires ou agents et les traitements attribués à chacun d'eux.)*						
3	Bourses payées à l'aide des mêmes ressources,... *(Indiquer les noms des boursiers et la somme mandatée au nom de chacun d'eux).*						
4	Entretien des bâtiments....................						
5	Entretien du mobilier.....................						
6	Éclairage et chauffage....................						
7	Impressions et frais de bureau						
8	Frais matériels des examens................						
9	Entretien et accroissement des collections.......						
	À reporter...............						

BUDGET ORDINAIRE. (Suite.)

CHAPITRE II. — DÉPENSES.

N^os des ARTI-CLES du budget.	NATURE DES DÉPENSES.	CRÉDITS ouverts par le budget et par des décisions spéciales.	MANDATS émis au profit de créanciers.	PAYE-MENT EFFECTUÉS pendant l'exercice 189 . (Du 1er janvier 189 au 3o mars 189 .)	RESTES à PAYER au 3o mars 189 . à reporter à l'exercice 189 .	SOMMES non EMPLOYÉES sur l'exercice 189 . à reporter à l'exercice 189 .	OBSERVATIONS.
1	2	3	4	5	6	7	8
	Report.................						
10	Frais de cours et de laboratoire..............						
11	Frais de travaux pratiques des étudiants........						
12	Frais des publications.....................						
13	Frais des opérations autorisées dans les laboratoires pour le compte de particuliers........						
14	Acquisitions et allocations pour prix et médailles, savoir : (Désigner les dons et legs et les subventions).						
15	Rétribution de l'agent comptable.............						
	À reporter................						

BUDGET ORDINAIRE. (Suite.)

CHAPITRE II. — DÉPENSES.

Nos des ARTI-CLES du budget.	NATURE DES DÉPENSES.	CRÉDITS ouverts par le budget et par des décisions spéciales.	MANDATS émis au profit des créanciers.	PAYE-MENTS EFFECTUÉS pendant l'exercice 189 . (Du 1er janvier 189 au 30 mars 189).	RESTES à PAYER au 30 mars 189 , à reporter à l'exercice 189 .	SOMMES non EMPLOYÉES sur l'exercice 189 . à reporter à l'exercice 189 .	OBSERVATIONS.
1	2	3	4	5	6	7	8
	Report..................						
16	Acquittement des dettes exigibles						
	Exercice 189						
	Exercice 189						
	Exercice 189						
	Exercice 189						
	Exercice 189						
17	Dépenses autres que celles ci-dessus énumérées et imputables sur les revenus annuels, savoir :						
	Total des dépenses ordinaires....						

RÉCAPITULATION (BUDGET ORDINAIRE):

Recettes effectuées. (Colonne 5. — Recettes.)................................

Dépenses acquittées. (Colonne 5. — Dépenses.)................................

Excédent de recettes........................

2° Budget extraordinaire.

2° BUDGET EXTRAORDINAIRE.

CHAPITRE Iᵉʳ. — RECETTES.

NATURE DES RECETTES.	SOMMES à recouvrer au compte de l'exercice 189 .		RECOUVRE-MENTS effectués pendant l'exercice 189 . (Du 1ᵉʳ janvier 189 au 3o mars 189 .)	RESTES à recouvrer au 3o mars 189 , à reporter à l'exercice 189 .	OBSERVATIONS.
	Fixation provisoire d'après le budget primitif et les autorisations spéciales.	Montant des produits d'après les titres et actes justificatifs.			
1	2	3	4	5	6
Capitaux provenant { de dons et legs................... d'emprunts..................... d'aliénations.................... de remboursements.............. de coupes extraordinaires de bois..... de ressources autres que celles ci-dessus désignées, savoir :					
TOTAL des recettes extraordinaires....					

CHAPITRE II. — DÉPENSES.

NATURE DES DÉPENSES.	CRÉDITS ouverts par le budget et par des décisions spéciales,	MANDATS émis au profit des créanciers.	PAYE-MENTS effectués pendant l'exercice 189 . (Du 1ᵉʳ janvier 189 au 3o mars 189 .)	RESTES à payer au 3o mars 189 , à reporter à l'exercice 189 ;	SOMMES non employées sur l'exercice 189 , à reporter à l'exercice 189 .	OBSERVATIONS.
2	2	3	4	5	6	7
Emploi des capitaux provenant de dons et legs, d'emprunts, d'aliénations, de remboursements, etc. { *(Ouvrir, quand il y a lieu, l'article ou les articles nécessaires et désigner l'objet des dépenses.)*						
TOTAL des dépenses extraordinaires....						

RÉCAPITULATION (BUDGET EXTRAORDINAIRE) :

Recettes effectuées. (*Colonne 4. — Recettes.*)................................

Dépenses acquittées. (*Colonne 4. — Dépenses.*)................................

Excédent de recettes............................

Vu

Vu l'article 51 de la loi du 17 juillet 1889;

Vu le décret du 25 juillet 1885 ;

Vu le décret du 28 décembre 1885 modifié par le décret du 9 août 1893 ;

Vu le décret du 10 août 1893 ;

Vu l'avis du Conseil de la (Faculté *ou* École) de   d   , en date
  du

Le (Doyen *ou* Directeur) soussigné affirme véritable, dans toutes ses parties, le présent compte administratif
rendu par lui pour l'exercice 189   .

A   , le   189   .

Le Conseil général des Facultés de l'Académie de   , après en avoir délibéré,
propose d'arrêter comme ci-dessus le compte administratif de la (Faculté *ou* École) de
d   , pour l'exercice 189   .

A   , le.   189   .

Le Recteur,
Président du Conseil général des Facultés,

Vu et ᴀᴘᴘʀᴏᴜᴠᴇ́ le compte administratif de la (Faculté *ou* École) de   d
pour l'exercice 189   .

Paris, le   189   .

Le Ministre de l'Instruction publique,

Modèle n° 12.

Art. 128 du Règlement.

(*Format écü.*)

MINISTÈRE DE L'INSTRUCTION PUBLIQUE.

FACULTÉ *ou* ÉCOLE DE

d

CARNET D'ENREGISTREMENT

DES TITRES DE PERCEPTION.

24.

TITRES DE PERCEPTION.

NUMÉROS D'ORDRE des titres de perception.	DATE ET NATURE des titres établissant la créance.	NOMS des DÉBITEURS.	OBJET de la CRÉANCE.	DATE du TITRE de perception.	BUDGET ORDINAIRE				
					REVENUS des biens meubles et immeubles.	PRODUIT des publications.	PRODUIT des opérations.	SUBVENTIONS de l'État.	SUBVENTIONS des départements, communes etc.
				Totaux ...					

EXERCICE 189 .

Autres RESSOURCES ordinaires.	BUDGET EXTRAORDINAIRE.						TOTAL DES TITRES de perception.	ENCAISSEMENTS SUCCESSIFS.		RESTES à RECOUVRER à la clôture de l'exercice.
	DONS et legs.	EMPRUNTS.	ALIÉNA-TIONS.	REMBOURSE-MENTS.	COUPES extra-ordinaires de bois.	Autre RESSOURCES extra-ordinaires.		DATES.	SOMMES.	

Modèle n° 13.

(Format écu.)

MINISTÈRE DE L'INSTRUCTION PUBLIQUE.

FACULTÉ *ou* ÉCOLE DE

d

JOURNAL GÉNÉRAL

DES CRÉDITS.

(Format écu.)

DATES D'OUVERTURE des crédits. (Budget et décisions ministérielles.)	NUMÉROS des articles du budget.	NATURE DES CRÉDITS.	MONTANT des CRÉDITS	OBSERVATIONS.
		EXERCICE 189 .		
		Janvier 189		
		Total de janvier..........		
		Février 189		
		Total de février..........		
		Report du mois précédent......		
		Total au 1er mars.........		
		Mars 189		
		Total de mars.............		
		Report des mois précédents....		
		Total au 1er avril.........		
		Avril 189		
		À reporter..............		

Modèle n° 14.

(*Format écu.*)

MINISTÈRE DE L'INSTRUCTION PUBLIQUE.

FACULTÉ *ou* ÉCOLE de

d

JOURNAL GÉNÉRAL

DES DROITS DES CRÉANCIERS.

N°ˢ D'ORDRE des liquidations ou droits constatés.	DATES des LIQUIDATIONS ou droits constatés.	NOMS des CRÉANCIERS.	DÉSIGNATION SOMMAIRE de l'objet des créances.	MONTANT des LIQUIDATIONS ou droits constatés.	N°ˢ des MANDATS délivrés en payements.	OBSERVATIONS. (Indiquer les motifs des annulations de créances.)

EXERCICE 189 .

ARTICLE (A) DU BUDGET (ORDINAIRE *ou* EXTRAORDINAIRE).

	Janvier 189 ..					
			TOTAL de janvier.			
	Février 189 ..					
			TOTAL de février.			
			Report du mois précédent........			
			TOTAL au 1ᵉʳ mars.			
	Mars 189					
			A reporter....			

(A) *Ce livre doit être tenu par articles; laisser pour chaque article le nombre de pages nécessaires.*

Modèle n° 15.

(*Format écu.*)

MINISTÈRE DE L'INSTRUCTION PUBLIQUE.

FACULTÉ *ou* ÉCOLE de

d

JOURNAL GÉNÉRAL

DES MANDATS DÉLIVRÉS.

NUMÉROS des mandats de payement.	DATES des MANDATS de payement.	NOMS ET QUALITÉS des parties prenantes.	IMPUTATION DES MANDATS.		OBJET DES DÉPENSES mandatées.	MONTANT des MANDATS délivrés pour payement.	DÉSIGNATION DES PIÈCES justificatives produites à l'appui de chaque mandat ou des mandats précédents auxquels les pièces ont été jointes.	OBSERVATIONS. — (Indiquer sommairement les motifs des annulations.)
			Numéros des articles du budget.	Numéros des liquidations.				
					EXERCICE 189 .			
	Janv. 189 .							
					Total de janvier.			
	Févr. 189 .							
					Total de février.			
					Report du mois précédent........			
					Total au 1er mars.			
	Mars 189 .							
					A reporter....			

Modèle n° 16.

(Format écu.)

MINISTÈRE DE L'INSTRUCTION PUBLIQUE.

FACULTÉ *ou* ÉCOLE de

d

LIVRE

DE COMPTES PAR NATURE DE DÉPENSES.

DATE ET NATURE DES OPÉRATIONS.	CRÉDITS OUVERTS.	LIQUI- DATION ou DROITS constatés.	MANDATS DÉLIVRÉS.			MANDATS PAYÉS.	OBSERVATIONS.
			Nu- méros.	Dates.	Sommes.		

EXERCICE 189 .

ARTICLE (A)   DU BUDGET (ORDINAIRE *ou* EXTRAORDINAIRE).

Totaux de janvier 189 .							
Totaux de février 189 .							
Report du mois précédent.							
Totaux au 1er mars 189 .							
Totaux de mars 189							
Report des mois précé- dents.............							
Totaux au 1er avril 189 .							

NOTA. — Les opérations relatives aux ouvertures de crédits, aux liquidations ou droits constatés et aux mandats délivrés devront être rapportées, *par journées,* d'après les journaux spéciaux, et les mandats payés, d'après les bordereaux mensuels de l'agent comptable.

(A) *Ce livre doit être tenu par articles; laisser pour chaque article le nombre de pages nécessaires.*

Modèle n° 17.

(Format écu.)

MINISTÈRE DE L'INSTRUCTION PUBLIQUE.

FACULTÉ *ou* ÉCOLE de

d

M.   , *Agent comptable.*

EXERCICE 189 .

LIVRE DE DÉTAIL SPÉCIAL

des recettes et des dépenses à porter au compte ouvert, sur le livre des comptes divers,
à la (Faculté ou École) de   d

Süite du Modèle n° 17.

SECTION I. — COMPTE DES RECETTES. — EXERCICE 189 .

(Art. 1er du budget.) *Revenus des biens meubles ou immeubles et intérêts des fonds placés au Trésor.*

DATES.	MONTANT DU PRODUIT À RECOUVRER		MONTANT des TITRES de perception délivrés.	SOMMES RECOUVRÉES		TOTAL par MOIS.
		d'après le budget principal... fr............ en vertu d'autorisations spéciales du..................... fr............ du..................... fr............ du..................., fr.......... Total........ fr............		EN 189 . 1re année de l'exercice.	EN 189 . 2e année de l'exercice.	

(Art. 2 du budget.) *Produit des publications.*

(Art. 3 du budget.) *Produit des opérations de laboratoire autorisées par le Ministre pour le compte des particuliers.*

SECTION II. — COMPTE DES DÉPENSES. — EXERCICE 189 .

(Art. 1er du budget.) *Impositions établies par les lois.*

DATES.	SITUATION DES CRÉDITS OUVERTS	par le budget primitif...... fr.......... par décisions ministérielles du...................... fr.......... du....r................... fr.......... du...................... fr.......... Total........ fr..........	MONTANT des BORDEREAUX d'émission de mandats	PAYEMENTS EFFECTUÉS		TOTAL par MOIS.
				EN 189 . 1re année de l'exercice.	EN 189 . 2e année de l'exercice.	

(Art. 2 du budget.) *Dépenses du personnel imputables sur le revenu des dons et legs ou sur les subventions.*

(Art. 3 du budget.) *Bourses payées à l'aide des ressources prévues à l'article 2*

Modèle n° 18.

Art. 134 du Règlement.

(*Format couronne.*)

MINISTÈRE DE L'INSTRUCTION PUBLIQUE.

FACULTÉ *ou* ÉCOLE de   d

EXERCICE 189 .

BORDEREAU SOMMAIRE

des recettes et des payements effectués depuis le commencement de l'exercice ci-dessus désigné jusqu'au dernier jour du mois d   , par M.   , Agent comptable de la (Faculté ou École) d   d

RECETTES.

N^{os} des articles du budget.	DÉSIGNATION DES ARTICLES DU BUDGET.	TITRES DE PERCEPTION émis depuis le commencement de l'exercice 189 jusqu'au dernier jour du mois d	RECOUVREMENTS EFFECTUÉS depuis le commencement de l'exercice 189 jusqu'au dernier jour du mois d	OBSERVATIONS.
	Totaux généraux.... ...			

EXERCICE 189 .

DÉPENSES.

N^{os} des articles du budget.	DÉSIGNATION DES ARTICLES DU BUDGET.	MANDATS DE PAYEMENT délivrés depuis le commencement de l'exercice 189 , jusqu'au dernier jour du mois d	PAYEMENTS EFFECTUÉS			MANDATS restant À PAYER.	OBSERVATIONS.
			ANTÉRIEUREMENT.	PENDANT le mois.	TOTAL des payements.		
	TOTAUX GÉNÉRAUX...						

CERTIFIÉ les résultats du présent bordereau conformes à mes écritures.

A   , le   189   .

L'Agent comptable,

FACULTÉ ou ÉCOLE

de

d

ᵉ TRIMESTRE DE L'ANNÉE 189 .

Modèle N° 19.

(Format tellière.)

DÉCOMPTE

de la rétribution à allouer à l'Agent comptable de la (Faculté ou École) de   d
pour les payements qu'il a effectués pendant la période ci-dessus indiquée pour le compte de ladite
(Faculté ou École.)

RÉTRIBUTION SUR LES PAYEMENTS.	MONTANT DES PAYEMENTS effectués depuis le 1ᵉʳ janvier.	TARIF de LA RÉTRIBUTION.	MONTANT de LA RÉTRIBUTION.	OBSERVATIONS.
Premiers 25,000 francs.........		1 franc pour 100.		
Au-dessus de 25,000 francs.......		0 fr. 50 pour 100.		
......				
......				
Total............				
A déduire le montant de la rétribution déjà payée pour les trimestres précédents.				
Reste à ordonnancer au profit du comptable pour la rétribution du ᵉ trimestre.				(A)
DÉCOMPTE DE LA RETENUE DE 5 P. 0/0.				
Rétribution du ᵉ trimestre.....................				
A déduire un quart pour frais de bureau, conformément aux dispositions de l'article 3 de la loi du 9 juin 1853...............................				
Net......................				
Retenue de 5 P. 0/0.........				
Reste net à payer............................				

Arrêté le présent décompte à la somme de (A)

A   , le   189 .

Le *(Doyen* ou *Directeur)*,

MINISTÈRE
DE L'INSTRUCTION
PUBLIQUE.

FACULTÉ *ou* ÉCOLE de   d

Modèle n° 20.

Art. 50 et 146.
du Règlement.

BUDGET (ORDINAIRE *ou* EXTRAORDINAIRE).

Feuille double.
(*Format couronne.*)

BORDEREAU

détaillé des titres de perception et des versements effectués.

TITRES DE PERCEPTION.			RECOUVREMENTS EFFECTUÉS.			RESTES À RECOUVRER.			
NUMÉRO d'ordre.	DATE DU TITRE.	MONTANT du titre.	NUMÉRO d'ordre de la quittance à souche.	DATE du versement.	MONTANT du versement.	SOMMES à recouvrer.	MOTIFS du non-recouvrement.	recouvrements arriérés à reporter à l'exercice 189 .	RESTES considérés comme irrecouvrables.
	A reporter ..								

TITRES DE PERCEPTION.			RECOUVREMENTS EFFECTUÉS.			RESTES À RECOUVRER.			
NUMÉRO d'ordre.	DATE DU TITRE.	MONTANT du titre.	NUMÉRO d'ordre de la quittance à souche.	DATE du versement.	MONTANT du versement.	SOMMES à recouvrer.	MOTIFS du non-recouvrement.	recouvrements arriérés à reporter à l'exercice 189	RESTES considérés comme irrecouvrables.
	Report......								
	Totaux.....								

COMPARAISON DES TITRES DE PERCEPTION ET DES RECOUVREMENTS.

MONTANT des titres émis.	MONTANT des recouvrements effectués.	RESTES À RECOUVRER.		
		SOMMES à recouvrer.	RECOUVREMENTS arriérés à reporter à l'exercice 189	RESTES considérés comme irrecouvrables.

Certifié exact :

A   , le   189 .

L'Agent comptable,

Vu la délibération du Conseil de la (Faculté ou École) de   en date du   .
Le (Doyen ou Directeur) arrête à la somme de (1)   le montant des restes
à recouvrer de l'exercice 189 , savoir :

Restes à recouvrer à reporter à l'exercice 189   : (1)

Restes à recouvrer déclarés irrecouvrables et dont le comptable est déchargé: (1)

Restes à recouvrer mis à la charge du comptable: (1)

A   , le   189 .

---

(1) *Énoncer la somme en toutes lettres.*

MINISTÈRE
DE L'INSTRUCTION
PUBLIQUE.

FACULTÉ *ou* ÉCOLE de   d

Modèle n° 21.
———
Art. 126 du Règlement.
Feuille double.
(*Format tellière.*)

EXERCICE 189 .

ÉTAT

des mandats non payés au 30 mars 189 , époque de la clôture définitive de l'exercice.

NUMÉROS des ARTICLES du budget.	DÉSIGNATION DES ARTICLES.	NOMS ET QUALITÉS DES CRÉANCIERS.	NUMÉRO des mandats.	MONTANT DES MANDATS non payés.	NOMBRE des PIÈCES justificatives jointes.	OBSERVATIONS.
		Total				

Certifié les résultats du présent bordereau conformes à mes écritures.

A   , le   189 .

L'Agent comptable,

<table>
<tr><td>

MINISTÈRE
DE L'INSTRUCTION
PUBLIQUE.

</td><td>

FACULTÉ *ou* ÉCOLE de   d

</td><td>

MODÈLE N° 22.

Art. 140 du Règlement.

Feuille double.
(*Format couronne.*)

</td></tr>
</table>

EXERCICE 189 .
N° DU COMPTE DE GESTION.

ARTICLE   DU BUDGET.

(Ordinaire *ou* extraordinaire.)

(1)

BORDEREAU DÉTAILLÉ, par articles, des mandats acquittés pendant l'exercice.

NUMÉROS d'ordre.	DÉSIGNATION DES MANDATS.		NOMBRE DES PIÈCES jointes à chaque mandat.	SOMMES PAYÉES.	OBSERVATIONS.
	NUMÉRO.	NOM DU TITULAIRE.			
1	2	3	4	5	6
Nombre des mandats.					
		TOTAUX			

(1) Indiquer le titre de l'article.

MINISTÈRE
DE L'INSTRUCTION
PUBLIQUE.

MODÈLE N° 23.

Art. 147 du Règlement.

(Format écu.)

FACULTÉ OU ÉCOLE
de
d

COMPTE

DE LA GESTION 189 (2ᵉ PARTIE) ET DE LA GESTION 189 (1ʳᵉ PARTIE)

Que présente à la Cour des comptes M.
Agent comptable de la (Faculté ou École) de   d   pour les Recettes et les
Dépenses faites, savoir :
1° Pendant l'année 189 , sur les services budgétaires des exercices 189 et 189 , ainsi
que les services hors budget;
2° Pendant l'année 189 , sur les services budgétaires de l'exercice 189 .

SITUATION DU COMPTABLE AU 31 DÉCEMBRE 189 .

Excédent des recettes au 31 décembre 189 , présenté à cette époque par des valeurs matérielles qui ont été reconnues suivant procès-verbal de clôture des registres; lequel excédent sera reporté à la fin du présent compte pour établir la situation du comptable au 31 décembre 189 , savoir :

Sur les services budgétaires. . . . . | | }
Sur les services hors budget. . . . . | | }

GESTION 189 . (1ʳᵉ PARTIE.)

OPÉRATIONS COMPLÉMENTAIRES DE L'EXERCICE 189 , CLOS AU 30 MARS 189 . (RAPPEL.)

Le comptable rapporte ici, pour servir à l'établissement de sa situation au 31 décembre 189 , les recettes et les dépenses effectuées dans les trois premiers mois de la gestion 189 , sur l'exercice 189 , lesquelles sont détaillées dans le compte précédent et dont les justifications ont été produites par lui. Elles s'élèvent, savoir :

Les recettes { budget ordinaire, à la somme de. . . . . | | }
{ budget extraordinaire, à la somme de. . . . . | | }
Les dépenses { budget ordinaire, à la somme de. . . . . | | }
{ budget extraordinaire, à la somme de. . . . . | | }

GESTION 189 . (2ᵉ PARTIE.)

OPÉRATIONS DES DOUZE PREMIERS MOIS DE L'EXERCICE 189 ,

RECETTE.

Fait recette le comptable de la somme de
montant des recouvrements effectués par lui pendant l'année 189 , tant sur les produits portés au budget de l'exercice 189 et sur les produits reportés de l'exercice 189 que sur les produits perçus en vertu d'autorisations supplémentaires, lesquels recouvrements sont justifiés conformément aux instructions, ci. . . . .

GESTION 189 . (1ʳᵉ PARTIE.)

OPÉRATIONS COMPLÉMENTAIRES DE L'EXERCICE
189 , CLOS LE 30 MARS 189 .

RECETTE.

Fait recette le comptable de la somme de montant des recouvrements effectués pendant les trois premiers mois de la gestion 189 , sur les produits désignés ci-contre, lesquels recouvrements sont justifiés conformément aux instructions, ci. . . . . . F.
Rappel des recouvrements effectués en 189 . . . .
TOTAL des recouvrements de l'exercice 189 . . . . F.

NUMÉROS D'ORDRE. (SÉRIE UNIQUE.)	NUMÉROS DES ARTICLES DU BUDGET.	DÉSIGNATION des RECETTES.	SOMMES À RECOUVRER au compte de l'exercice 189 .		GESTION 189 . — RECOUVREMENTS effectués pendant les 12 premiers mois de l'exercice 189 .	GESTION 189 . — RECOUVREMENTS effectués pendant les 3 mois complémentaires de l'exercice 189 .	TOTAUX des RECOUVREMENTS de l'exercice 189 . (Col. 6 et 7.)	RESTES à RECOUVRER au 30 mars 189 , à reporter à l'exercice 189 .	OBSERVATIONS.
			Fixation provisoire d'après le budget primitif, le budget additionnel et les autorisations spéciales.	Montant des produits d'après les titres et actes justificatifs, déduction faite des réductions.					
1	2	3	4	5	6	7	8	9	10
	1	1° BUDGET ORDINAIRE. § 1ᵉʳ. Revenus des biens meubles et immeubles. . . . . § 2. Intérêts des fonds placés au Trésor. . . . . A reporter.							

GESTION 189 . (2ᵉ PARTIE.)

(12 premiers mois de l'exercice 189 .)

GESTION 189 . (1ʳᵉ PARTIE.)

(3 mois complémentaires de l'exercice 189 .)

NUMÉROS D'ORDRE. (SÉRIE UNIQUE.)	NUMÉROS DES ARTICLES DU BUDGET.	DÉSIGNATION des RECETTES.	SOMMES À RECOUVRER au compte de l'exercice 189 .		GESTION 180 . RECOUVREMENTS effectués pendant les 12 premiers mois de l'exercice 189 .	GESTION 189 . RECOUVREMENTS effectués pendant les 3 mois complémentaires de l'exercice 189 .	TOTAUX des RECOUVREMENTS de l'exercice 189 . (Col. 6 et 7.)	RESTES à RECOUVRER au 3o mars 189 , à reporter à l'exercice 189 .	OBSERVATIONS.
			Fixation provisoire d'après le budget primitif, le budget additionnel et les autorisations spéciales.	Montant des produits d'après les titres et actes justificatifs, déduction faite des réductions.					
1	2	3	4	5	6	7	8	9	10
		Report............							
	2	Produit des publications spéciales à la (Faculté ou École)........							
	3	Produit des opérations autorisées par le Ministre de l'Instruction publique, pour le compte de particuliers, dans des laboratoires de la (Faculté ou École), et dont la dépense doit être remboursée conformément aux conditions déterminées par le Conseil de la (Faculté ou École)...........							
	4	Subventions de l'État...........							
	5	Subventions des départements, des communes, des établissements publics, des établissements d'utilité publique et des particuliers.							
	6	Ressources autres que celles ci-dessus énumérées et ayant le caractère de revenus........ ..							
		TOTAL des recettes ordinaires.							
		2° BUDGET EXTRAORDINAIRE.							
		Capitaux provenant { de dons et legs.......							
		d'emprunts							
		d'aliénations..........							
		de remboursements...							
		de coupes extraordinaires de bois.......							
		de ressources autres que celles ci-dessus désignées...........							
		TOTAL des recettes extraordinaires.							
		RÉCAPITULATION :							
		Recettes du budget ordinaire......							
		Recettes du budget extraordinaire..							
		TOTAUX GÉNÉRAUX....							

GESTION 189 . (2ᵉ PARTIE.)

(12 premiers mois de l'exercice 189 .)

DÉPENSE.

Fait DÉPENSE lé comptable de

montant des payements qu'il a effectués pendant l'année 189 , en acquit des mandats délivrés, soit sur les crédits ouverts dans le budget de l'exercice 189 , soit sur les crédits reportés de l'exercice 189 , sur l'exercice 189 , soit sur les crédits supplémentaires alloués par des décisions spéciales, lesquels payements sont justifiés conformément aux instructions, ci............................ F.

GESTION 189 . (1ʳᵉ PARTIE.)

(3 mois complémentaires de l'exercice 189 .)

DÉPENSE.

Fait DÉPENSE le comptable de la somme de

montant des payements qu'il a effectués sur les mêmes services pendant les 3 derniers mois de la gestion 189 , lesquels payements sont justifiés conformément aux instructions, ci................................. F.

Rappel des payements effectuée en 189 ....

TOTAL des payements de l'exercice 189 F.

NUMÉROS D'ORDRE. (SÉRIE UNIQUE.)	NUMÉROS DES ARTICLES DU BUDGET.	DÉSIGNATION des DÉPENSES.	CRÉDITS OUVERTS par le budget et par des décisions spéciales.	GESTION 189 . PAYEMENTS effectués pendant les 12 premiers mois de l'exercice 189 .	GESTION 189 . PAYEMENTS effectués pendant les 3 mois complémentaires de l'exercice 189 .	TOTAUX des PAYEMENTS de l'exercice 189 . (Col. 5 et 6.)	RESTES à PAYER au 30 mars 189 , à reporter à l'exercice 189 .	CRÉDITS ANNULÉS faute d'emploi.	OBSERVATIONS.
1	2	3		5	6	7	8	9	10
		1° BUDGET ORDINAIRE.							
	1	Impositions établies par les lois...							
	2	Dépenses du personnel imputables sur le revenu des dons et legs ou sur les subventions.........							
	3	Bourses payées à l'aide des mêmes ressources...............							
	4	Entretien des bâtiments...........							
	5	Entretien du mobilier...........							
	6	Éclairage et chauffage.........							
	7	Impressions et frais de bureau....							
	8	Frais matériels des examens.....							
	9	Entretien et accroissement des collections..................							
	10	Frais de cours et de laboratoire...							
	11	Frais de travaux pratiques des étudiants.....................							
	12	Frais des publications..........							
	13	Frais des opérations autorisées dans les laboratoires pour le compte de particuliers.............							
	14	Acquisitions et allocations pour prix et médailles...............							
	15	Rétribution de l'agent comptable..							
		À reporter............							

GESTION 189 . (2ᵉ PARTIE.)
(12 premiers mois de l'exercice 189 .)

GESTION 189 . (1ʳᵉ PARTIE.)
(3 mois complémentaires de l'exercice 189 .)

NUMÉROS D'ORDRE. (SÉRIE UNIQUE.)	NUMÉROS DES ARTICLES DU BUDGET.	DÉSIGNATION des DÉPENSES.	CRÉDITS OUVERTS par le budget et par des décisions spéciales.	GESTION 189 . PAYEMENTS effectués pendant les 12 premiers mois de l'exercice 189 .	GESTION 189 . PAYEMENTS effectués pendant les 3 mois complémentaires de l'exercice 189 .	TOTAUX des PAYEMENTS de l'exercice 189 . (Col. 5 et 6.)	RESTES à payer au 30 mars 189 . à reporter à l'exercice 189 .	CRÉDITS ANNULÉS faute d'emploi.	OBSERVA-TIONS.
1	2	3	4	5	6	7	8	9	10
		Report.............							
	16	Acquittement des dettes exigibles.							
	17	Dépenses autres que celles ci-dessus énumérées et imputables sur les revenus annuels.............							
		TOTAL des dépenses ordinaires.							
		2° BUDGET EXTRAORDINAIRE. (Ouvrir, quand il y a lieu, l'article ou les articles nécessaires et désigner l'objet des dépenses.) Emploi des capitaux provenant de dons et legs, d'em-prunts, d'alié-nations, de rembour-sements, etc.							
		TOTAL des dépenses extraordinaires.							
		RÉCAPITULATION :							
		Dépenses du budget ordinaire.....							
		Dépenses du budget extraordinaire..							
		TOTAUX GÉNÉRAUX....							

GESTION 189 . (2ᵉ Partie.)

OPÉRATIONS RELATIVES AUX SERVICES HORS BUDGET.

RECETTE.

Fait Recette le Comptable de la somme de
montant des recouvrements effectués par lui, pendant l'année 189 , pour les *Services exécutés en dehors des budgets*, lesquels recouvrements sont justifiés conformément aux instructions, ci............ F.

NUMÉROS D'ORDRE. (Série unique.) 1	NUMÉROS des services. 2	DÉSIGNATION DES SERVICES. 3	RESTES À RECOUVRER au 31 décembre 189 . 4	TITRES ÉMIS en 189 . 5	TOTAL à RECOUVRER. 6	RECOUVREMENTS effectués. 7	RESTES À RECOUVRER au 31 décembre 189 . 8	OBSERVATIONS. 9
	1	Frais de poursuites des créances de la (Faculté ou École).............						
	2	Divers, L/C de retenues pour le service des pensions civiles.............						
	3	Divers, L/C de retenues pour oppositions juridiques et à divers titres.......						
	4	Excédents de versements...........						
	5	Recettes à classer ou à vérifier.......						
	6	Recettes opérées par anticipation......						
	7	Recettes en atténuation de dépenses budgétaires................						
		Totaux.............						

DÉPENSE.

Fait Dépense le Comptable de la somme de
montant des payements effectués par lui, pendant l'année 189 , pour les *Services exécutés en dehors des budgets*, lesquels payements sont justifiés conformément aux instructions, ci........... F.

NUMÉROS D'ORDRE. (Série unique.) 1	NUMÉROS des services. 2	DÉSIGNATION DES SERVICES. 3	PAYEMENTS effectués. 4	RAPPEL DES RECETTES.			EXCÉDENTS de recette au 31 décembre 189 . 8	OBSERVATIONS. 9
				EXCÉDENTS de recette au 31 décembre 189 . 5	RECOUVREMENTS effectués (col. 7 du cadre ci-dessus). 6	TOTAL des RECETTES. 7		
	1	Frais de poursuites des créances de la (Faculté ou École).............						
	2	Divers, L/C de retenues pour le service des pensions civiles.............						
	3	Divers, L/C de retenues pour oppositions juridiques et à divers titres........						
	4	Excédents de versements...........						
	5	Recettes à classer ou à vérifier........						
	6	Recettes opérées par anticipation......						
	7	Recettes en atténuation de dépenses budgétaires..................						
		Totaux.............						

28.

SITUATION DU COMPTABLE AU 31 DÉCEMBRE 189 .

	SERVICES BUDGÉTAIRES.	SERVICES HORS BUDGET.	TOTAUX.

Les Recettes effectuées pendant la gestion 189 s'élèvent :
Sur l'exercice 189 , suivant le rappel fait en tête du présent compte, à.........
Sur l'exercice 189 , suivant les détails ci-dessus, à............................
Sur les services hors budget, à..

Les Dépenses acquittées pendant la gestion 189 , s'élèvent, savoir :
Sur l'exercice 189 , suivant le rappel fait en tête du présent compte, à...........
Sur l'exercice 189 , suivant les détails ci-dessus, à.............................
Sur les services hors budget, a...

Excédent de la   sur la   ....

D'après la situation au 31 décembre 189 rapportée au premier article du présent compte, le comptable se trouvait, à cette époque, débiteur de..

Il en résulte que le comptable était, au 31 décembre 189 , débiteur :
Pour les services compris dans les budgets, de....................
Pour les services hors budget, de..................................

Le comptable devait donc représenter dans sa caisse une somme de F.

Cette somme a été en effet représentée à la même époque du 31 décembre 189 , ainsi que le constate le procès-verbal rapporté à l'appui du présent compte, par les valeurs ci-après, savoir :

Situation et solde de caisse au 31 décembre 189 .
Fonds disponibles en caisse { appartenant à la (Faculté ou École)........................
{ provenant des services exécutés en dehors des budgets.........
Fonds placés au Trésor...
Avances à recouvrer { pour
{ pour

Somme égale..

Cet excédent de recette au 31 décembre 189 sera rapporté en tête du compte de gestion 189 (2ᵉ partie), pour servir à l'établissement de la situation du comptable au 31 décembre 189 .

RÉSULTAT FINAL DE L'EXERCICE 189 , CLOS AU 30 MARS 189 .

	BUDGET ORDINAIRE.		BUDGET EXTRAORDINAIRE.	
	RECETTES.	DÉPENSES.	RECETTES.	DÉPENSES.

Les Recettes effectuées pendant les trois premiers mois de la gestion 189 , sur l'exercice 189 , s'élèvent à..

Les Dépenses constatées pendant la même période sur ledit exercice, montent à........

Ces opérations seront rapportées en tête du compte de la gestion 189 (2ᵉ partie), pour servir à l'établissement de la situation du comptable au 31 décembre 189 .

Rappel des opérations effectuées en 189 . { Recettes...
{ Dépenses...

Totaux des opérations de l'exercice 189 ....

Excédent de   ....

Le Résultat définitif de l'exercice 189 , porté pour mémoire au compte ci-dessus, présente un excédent de   .de..

Le Résultat définitif de l'exercice 189 , égal au compte d'administration du même exercice, est un excédent de   de..

L'agent comptable soussigné affirme véritable, sous les peines de droit, le présent compte, comprenant, pour la gestion 189 : 1° le rappel des opérations complémentaires de l'exercice 189 ; 2° les recettes et les dépenses des douze premiers mois de l'exercice 189 ; 3° les recettes et les dépenses des services hors budget ; et, pour la gestion 189 , les opérations complémentaires de l'exercice 189 .

Le comptable affirme, en outre, et sous les mêmes peines, que les recettes et les dépenses portées dans ce compte sont, sans exception, toutes celles qui ont été faites pour le service de la (Faculté ou École) et qu'il n'en existe aucune autre à sa connaissance.

A   , le   189

L'Agent comptable,

Certifié le présent compte conforme dans toutes ses parties, aux résultat de la comptabilité de l'agent comptable.

A   , le   189 .

Le (Doyen ou Directeur),

FACULTÉ ou ÉCOLE de   d

ÉTAT des crédits supplémentaires alloués après la fixation du budget de l'exercice 189   .

NUMÉROS des ARTICLES du compte.	NUMÉROS des ARTICLES du budget.	DATES des DÉCISIONS.	NATURE DES DÉPENSES.	MONTANT des CRÉDITS par article du compte.	OBSERVATIONS.
1	2	3	4	5	6
			TOTAL		

CERTIFIÉ EXACT :

A   , le   18   .

Le (Doyen ou Directeur),

MINISTÈRE
DE L'INSTRUCTION
PUBLIQUE.

Modèle N° 25.

Art. 146 du Règlement.

(Format écu.)

FACULTÉ *ou* ÉCOLE de   d

ÉTAT

DES

PROPRIÉTÉS FONCIÈRES[1], RENTES ET CRÉANCES MOBILIÈRES

QUI COMPOSENT L'ACTIF DE LA FACULTÉ *OU* ÉCOLE,

ET DES PRIX DE BAUX ET ARRÉRAGES DE RENTES

À PERCEVOIR.

GESTION 189 .

[1] On doit faire figurer dans le présent état toutes les propriétés foncières, quelle qu'en soit la nature, même les maisons et autres propriétés affectées à un service de la Faculté ou École.

Suite du MODÈLE N° 25.

FACULTÉ ou ÉCOLE
de   d

GESTION

NOTA. Les produits doivent être totalisés par article du compte.

ÉTAT des propriétés foncières, rentes et créances mobilières qui composent l'actif

PROPRIÉTÉS FONCIÈRES, RENTES SU

NUMÉROS D'ORDRE.	NUMÉROS des articles du compte de gestion.	NATURE des immeubles, des rentes et des créances.	CONTENANCE des immeubles.	SITUATION des immeubles.	NATURE et dates des titres de propriété.	VALEUR approximative des propriétés foncières (maisons, bâtiments, édifices, etc.)	EMPLOI ou usage des propriétés foncières.	DATES des inscriptions hypothécaires prises pour la conservation des titres de créances et rentes.	NOMS des fermiers et locataires ou des débiteurs de rentes et créances.	DOMICILE des fermiers, locataires et débiteurs.
1	2	3	4	5	6	7	8	9	10	11

189.

le la (*Faculté* ou *École*) et des prix de baux et arrérages de rentes à percevoir.

ARTICULIERS, CRÉANCES DIVERSES.

AFFERMAGE DES MAISONS ET BIENS RURAUX.					RENTES SUR PARTICULIERS ET CRÉANCES DIVERSES.						RENSEIGNEMENTS sur LES PROCÉDURES entamées à l'occasion des propriétés, des créances ou des rentes sur particuliers. — OBSERVATIONS diverses.
Dates des baux.	Durée des baux.	Époques d'entrée en jouissance.	Prix annuel des baux.	Échéance des payements.	Dates des constitutions de rentes.	Qualités et charges des constitutions.	Montant des rentes et créances diverses.	Montant du capital de chaque rente et créance.	Époques d'échéance des capitaux.	Époques d'échéance des intérêts ou arrérages.	
12	13	14	15	16	17	18	19	20	21	22	23

RENTES SUR L'ÉTAT.				OBSERVATIONS.
NUMÉROS des inscriptions.	DATES de la jouissance des rentes.	MONTANT des rentes.	PRODUIT des rentes.	

Certifié exact :

A   , le   189 .

Le (*Doyen* ou *Directeur*),

FACULTÉ *ou* ÉCOLE de   d

Bordereau sommaire des adjudications et des marchés passés, pour l'année 189   , avec les entrepreneurs et les fournisseurs de la (Faculté ou École) de   d

DÉSIGNATION DES OBJETS.	MODE DES MARCHÉS.	DURÉE DES ADJUDICATIONS et des marchés.	PRIX FIXÉS PAR LES ADJUDICATIONS et les marchés.	DATES DE L'APPROBATION des adjudications et des marchés.	NUMÉROS DES MANDATS auxquels SONT ANNEXÉS LES COPIES des cahiers des charges, des procès-verbaux d'adjudication et des marchés.	OBSERVATIONS.
1	2	3	4	5	6	7

Vu et vérifié :

A   , le   189   .

Le (*Doyen ou Directeur*),

Certifié véritable :

A   , le   189   .

L'*Agent comptable*,

ANNÉE 189 .

MOIS

d

MINISTÈRE DE L'INSTRUCTION PUBLIQUE.

FACULTÉ ou ÉCOLE de   d

MODÈLE N° 27.

Art. 121 du Règlement.

(Format couronne.)

ÉTAT MENSUEL des sommes payées aux fonctionnaires, employés et agents rétribués sur les fonds de l'article 2 du budget ordinaire dénommés ci-après, soumis à la retenue en vertu de la loi sur les pensions civiles, pour leurs traitements fixes de l'année 189 .

		TRAITEMENTS.		RETENUES ACQUISES AU TRÉSOR,				NET	OBSERVATIONS.
NOMS.	FONCTIONS.	par ANS	pour le MOIS.	du 20e.	du 1er douzième de traitement ou d'augmentation de traitement.	à divers titres	TOTAL des retenues.	à PAYER.	Indiquer dans cette colonne, en cas de mutation, pour les professeurs, fonctionnaires et agents nouvellement admis, la date de la nomination, le traitement antérieur le plus élevé, l'année et la position correspondantes ; pour ceux qui cessent de figurer sur les états, la destination ultérieure, s'il y a lieu. En cas d'augmentation de traitement, indiquer la date de la décision.
1	2	3	4	5	6	7	8	9	10
TOTAUX....									

ARRÊTÉ le présent état à la somme de

dont   pour les retenues acquises au Trésor

et   pour le net à payer pendant le mois d   189 .

A   , le   189

CERTIFIÉ EXACT :   *L'Agent comptable,*

A   , le   189

Le (Doyen ou Directeur),

ANNÉE 189 .

MINISTÈRE DE L'INSTRUCTION PUBLIQUE.

MODÈLE N° 28.

FACULTÉ *ou* ÉCOLE de   d

Art. 121 du Règlement.

(*Format couronne.*)

ÉTAT ANNUEL des sommes payées aux fonctionnaires, employés et agents rétribués sur les fonds de l'article 2 du budget ordinaire, dénommés ci-après, soumis à la retenue en vertu de la loi sur les pensions civiles, pour leurs traitements fixes pendant l'année 189   .

NOMS.	FONCTIONS.	TRAITE-MENTS de L'ANNÉE.	RETENUES ACQUISES AU TRÉSOR				NET à PAYER.	OBSERVATIONS. Indiquer dans cette colonne, en cas de mutation, pour les professeurs, fonctionnaires et agents nouvellement admis, la date de la nomination, le traitement antérieur le plus élevé, l'année et la position correspondantes; pour ceux qui cessent de figurer sur les états, la destination ultérieure, s'il y a lieu. En cas d'augmentation de traitement, indiquer la date de la décision.
			du 20°.	du 1ᵉʳ douzième de traitement ou d'augmentation de traitement.	à divers titres.	TOTAL des retenues.		
1	2	3	4	5	6	7	8	9
A reporter..								

NOMS.	FONCTIONS.	TRAITEMENTS de L'ANNÉE.	RETENUES ACQUISES AU TRÉSOR				NET à PAYER.	OBSERVATIONS.
			du 20ᵉ.	du 1ᵉʳ douzième de traitement ou d'augmentation de traitement.	à divers titres.	TOTAL des retenues.		Indiquer dans cette colonne, en cas de mutation, pour les professeurs, fonctionnaires et agents nouvellement admis, la date de la nomination, le traitement antérieur le plus élevé, l'année et la position correspondantes; pour ceux qui cessent de figurer sur les états, la destination ultérieure, s'il y a lieu. En cas d'augmentation de traitement, indiquer la date de la décision.
1	2	3	4	5	6	7	8	9
	Report.....							
	Totaux.. ..							

Arrêté le présent état à la somme totale de

dont   pour les retenues acquises au Trésor

et   pour le net à payer pendant l'année 189

A   , le   189 .

L'Agent comptable,

Certifié exact :

A   , le   189

Le (Doyen ou Directeur),

EXERCICE 189 .

MODÈLE N° 29.

MINISTÈRE DE L'INSTRUCTION PUBLIQUE.

Art. 146 du Règlement.

FACULTÉ *ou* ÉCOLE de   d

(Format couronne.)

GESTION { 189 . (1re PARTIE.) 189 . (2e PARTIE.)

BORDEREAU RÉCAPITULATIF des pièces produites par l'Agent comptable à l'appui de son compte de gestion.

DÉSIGNATION DES PIÈCES.	NOMBRE DE PIÈCES produites.
1	2
PIÈCES PRINCIPALES.	
Procès-verbal de la situation de la caisse au 31 décembre, et bordereau de situation sommaire............	
Budget de l'exercice	
Budget additionnel..	
État des crédits supplémentaires..	
État des propriétés foncières, des rentes et créances composant l'actif de la Faculté ou École............	
Bordereau sommaire des adjudications ou marchés passés pour les fournitures et travaux pendant l'année..	
État récapitulatif annuel des traitements et des retenues.......................................	
Total des pièces principales...........................	

30

Suite du Modèle n° 29.

RECETTES.

NUMÉROS DES ARTICLES du compte. 1	NUMÉROS des articles du budget. 2	DÉSIGNATION DES RECETTES. 3	NOMBRE DE PIÈCES produites. 4	OBSERVATIONS. 5
		1° BUDGET ORDINAIRE.		
1		§ 1er. Revenus des biens meubles et immeubles................		
		§ 2. Intérêts des fonds placés ou Trésor.....................		
2		Produit des publications spéciales à la (Faculté ou École).........		
3		Produit des opérations autorisées par le Ministre de l'Instruction publique pour le compte de particuliers......................		
4		Subventions de l'État...............................		
5		Subventions des départements, des communes, des établissements publics, des établissements d'utilité publique et des particuliers....		
6		Ressources autres que celles ci-dessus énumérées et ayant le caractère de revenus..		
		2° BUDGET EXTRAORDINAIRE.		
		Capitaux provenant { de dons et legs............................		
		d'emprunts...................................		
		d'aliénations..................................		
		de remboursements............................		
		de coupes extraordinaires de bois................		
		de ressources autres que celles ci-dessus énumérées....		
		TOTAL des pièces produites à l'appui des recettes...		

DÉPENSES.

NUMÉROS DES ARTICLES du compte. 1	NUMÉROS des articles du budget. 2	DÉSIGNATION DES DÉPENSES. 3	NOMBRE DE PIÈCES produites, y compris les mandats. 4	OBSERVATIONS. 5
		1° BUDGET ORDINAIRE.		
	1	Impositions établies par les lois...............................		
	2	Dépenses du personnel imputables sur les revenus des dons et legs ou sur les subventions..................................		
	3	Bourses payées à l'aide des mêmes ressources................		
	4	Entretien des bâtiments......................................		
	5	Entretien du mobilier..		
	6	Éclairage et chauffage.......................................		
	7	Impressions et frais de bureau...............................		
	8	Frais matériels des examens..................................		
	9	Entretien et accroissement des collections.....................		
	10	Frais de cours et de laboratoire..............................		
	11	Frais de travaux pratiques des étudiants......................		
	12	Frais des publications.......................................		
	13	Frais des opérations autorisées dans les laboratoires pour le compte de particuliers..		
	14	Acquisitions et allocations pour prix et médailles..............		
	15	Rétribution de l'Agent comptable.............................		
	16	Acquittement des dettes exigibles............................		
	17	Dépenses autres que celles ci-dessus énumérées et imputables sur les revenus annuels.		
		2° BUDGET EXTRAORDINAIRE.		
		(Ouvrir, quand il y a lieu, l'article ou les articles nécessaires et désigner l'objet des dépenses).		
Emploi des capitaux provenant de dons et legs, d'emprunts, d'aliénations, de remboursements, etc.				
		Total des pièces produites à l'appui des dépenses...		

SERVICES HORS BUDGET.

NUMÉROS DES ARTICLES de compte. 1	DÉSIGNATION DES SERVICES. 2	NOMBRE DE PIÈCES produites. 3	OBSERVATIONS. 4
	RECETTES.		
	Frais de poursuites des créances de la (Faculté ou École)............		
	Divers L/C de retenues pour le service des pensions civiles..........		
	Divers, L/C de retenues pour oppositions juridiques et à divers titres...		
	DÉPENSES.		
	Frais de poursuites des créances de la (Faculté ou École)...........		
	Divers, L/C de retenues pour le service des pensions civiles.........		
	Divers, L/C de retenues pour oppositions juridiques et à divers titres...		
	TOTAL des pièces produites pour les services hors budget ...		
	RÉCAPITULATION.		
	Pièces principales....................................		
	Pièces produites pour la justification des recettes..................		
	Pièces produites pour la justification des dépenses.................		
	Pièces produites pour la justification des services hors budget........		
	TOTAL GÉNÉRAL......................		

CORPS DES FACULTÉS

MODÈLES

MINISTÈRE
DE L'INSTRUCTION
PUBLIQUE.

DIRECTION
DE
L'ENSEIGNEMENT SUPÉRIEURE.

3° BUREAU.

CORPS DES FACULTÉS de

BUDGET DE L'EXERCICE 189 .
(Art 71 de la loi du 28 avril 1893 et décret du 10 août 1893.)

1° BUDGET ORDINAIRE.

CHAPITRE 1ᵉʳ. — RECETTES.

NUMÉROS DES ARTICLES.	NATURE DES RECETTES.	RECETTES			OBSERVATIONS.
		PORTÉES au budget de l'exercice 189 .	PRÉVUES par le Conseil général des Facultés pour l'exercice 189 .	ARRÊTÉES par le Ministre pour l'exercice 189 .	
1	§ 1ᵉʳ. — Revenus des biens meubles et immeubles, savoir :				
2	§ 2. — Intérêts des fonds placés au Trésor				
2	Produit des publications communes à plusieurs Facultés.				
3	Produit des opérations autorisées par le Ministre de l'Instruction publique, pour le compte de particuliers, dans des laboratoires communs à plusieurs Facultés et dont la dépense doit être remboursée conformément aux conditions déterminées par le Conseil général des Facultés				
4	Allocations consenties par des Facultés pour contribuer à des dépenses communes, savoir :				
5	Subventions de l'État				
6	Subventions des départements, des communes, des établissements publics, des établissements d'utilité publique et des particuliers, savoir :				
7	Ressources autres que celles ci-dessus énumérées et ayant le caractère de revenus.				
	TOTAL des recettes.				

CHAPITRE II. — DÉPENSES.

NUMÉROS DES ARTICLES.	NATURE DES DÉPENSES.	DÉPENSES			OBSERVATIONS.
		PORTÉES au budget de l'exercice 189 .	PRÉVUES par le Conseil général des Facultés pour l'exercice 189 .	ARRÊTÉES par le Ministre pour l'exercice 189 .	
1	Impositions établies par les lois				
2	Dépenses du personnel imputables sur le revenu des dons et legs ou sur les subventions, savoir :				
3	Bourses payées à l'aide des mêmes ressources, savoir :				
4	Dépenses de la bibliothèque universitaire...................				
5	Entretien des bâtiments...................				
6	Entretien du mobilier...................				
7	Éclairage et chauffage...................				
8	Impressions et frais de bureau				
9	Frais matériels des examens...................				
10	Entretien et accroissement des collections...................				
11	Frais de cours et de laboratoire...................				
12	Frais de travaux pratiques des étudiants...................				
13	Frais des publications				
14	Frais des opérations autorisées dans les laboratoires pour le compte de particuliers...................				
15	Acquisitions et allocations pour prix et médailles, savoir : .... (*Désigner les dons et legs et les subventions*)				
16	Rétribution de l'agent comptable...................				
17	Acquittement des dettes exigibles...................				
18	Dépenses autres que celles ci-dessus énumérées et imputables sur les revenus annuels...................				
	TOTAL des dépenses...................				

2° BUDGET EXTRAORDINAIRE.

CHAPITRE 1ᴱᴿ. — RECETTES.

NATURE DES RECETTES.	RECETTES			OBSERVATIONS.
	PORTÉES au budget de l'exercice 189 .	PRÉVUES par le Conseil général des Facultés pour l'exercice 189 .	ARRÊTÉES par le Ministre pour l'exercice 189 .	
Capitaux provenant { de dons et legs...............				
d'emprunts...................				
d'aliénations.................				
de remboursements..............				
de coupes extraordinaires de bois.............				
de ressources autres que celles ci-dessus désignées.....				
Total des recettes.............				

CHAPITRE II. — DÉPENSES.

NATURE DES DÉPENSES.	DÉPENSES			OBSERVATIONS.
	PORTÉES au budget de l'exercice 189 .	PRÉVUES par le Conseil général des Facultés pour l'exercice 189 .	ARRÊTÉES par le Ministre pour l'exercice 189 .	
Emploi des capitaux provenant de dons et legs; d'emprunts, d'aliénations, de remboursements, etc.	*(Ouvrir, quand il y a lieu, l'article ou les articles nécessaires et désigner l'objet des dépenses.)*			
Total des dépenses.................				

Vu

Vu l'article 71 de la loi du 28 avril 1893 ;

Vu le décret du 28 décembre 1885 modifié par le décret du 9 août 1893 ;

Vu le décret du 10 août 1893 ;

Vu les propositions du Conseil général des Facultés de l'Académie d   en date du

Le Président dudit Conseil, soussigné, demande que le budget du Corps des Facultés de

soit fixé, pour l'exercice 189   , savoir :

Budget ordinaire . . . .
{ En recettes, à la somme de
{ En dépenses, à la somme de

Budget extraordinaire . . . . .
{ En recettes, à la somme de
{ En dépenses, à la somme de

A   , le   189

Le Ministre de l'Instruction publique arrête le budget du Corps des Facultés de

pour l'exercice 189   , savoir :

Budget ordinaire . . . .
{ En recettes, à la somme de
{ En dépenses, à la somme de

Budget extraordinaire . . . . .
{ En recettes, à la somme de
{ En dépenses, à la somme de

Fait à Paris, le   189

MODÈLE N° 1 *ter*.

MINISTÈRE
DE L'INSTRUCTION
PUBLIQUE.

DIRECTION
DE
L'ENSEIGNEMENT SUPÉRIEUR.

3ᵉ BUREAU.

BIBLIOTHÈQUE UNIVERSITAIRE

d

(Article 4 du budget du Corps des Facultés.)

BUDGET DE L'EXERCICE 189 .

DÉSIGNATION DES SERVICES.	DÉPENSES				OBSERVATIONS.
	PORTÉES au budget de l'exercice 189 .	PROPOSÉES par le Recteur pour l'exercice 189 .	PRÉVUES par le Conseil général des Facultés pour l'exercice 189 .	ARRÊTÉES par le Ministre pour l'exercice 189 .	
1. Achat de livres.....................					
2. Abonnements aux journaux et revues....					
3. Réserve. (Quart du crédit affecté aux acquisitions de livres)................					
4. Frais de reliure....................					
5. Chauffage.........................					
6. Éclairage					
7. Entretien du mobilier...............					
8. Frais de bureau, papeterie, impressions.					
9. Dépenses imprévues.................					
TOTAUX................					

Vu le décret du 10 août 1893 ;
Vu l'avis du Conseil général des Facultés de l'Académie d
en date du

Le Recteur propose que le budget de la Bibliothèque universitaire d
soit fixé, pour l'exercice 189 , à la somme de

A , le 189 .

Le Ministre de l'Instruction publique arrête le budget de la Bibliothèque universitaire d
pour l'exercice 189 , à la somme de

Fait à Paris, le 189 .

31.

MINISTÈRE
DE L'INSTRUCTION
PUBLIQUE.

DIRECTION
DE
L'ENSEIGNEMENT SUPÉRIEUR.

3e BUREAU.

CORPS DES FACULTÉS de

BUDGET DE L'INSTITUT DE[1]

POUR L'EXERCICE 189 .

DÉSIGNATION DES SERVICES.	DÉPENSES				OBSERVATIONS.
	PORTÉES au budget de l'exercice 189 .	PROPOSÉES par le Directeur de l'Institut d [1] pour l'exercice 189 .	PRÉVUES par le Conseil général des Facultés pour l'exercice 189 .	ARRÊTÉES par le Ministre pour l'exercice 189 .	
1. Dépenses de personnel, savoir : (*Désigner les fonctions ou emplois*)...............					
2. Entretien des bâtiments..............					
3. Éclairage et chauffage...............					
4. Impressions et frais de bureau.........					
5. Entretien et accroissement des collections.					
6. Frais de cours et de laboratoire........					
7. Frais de travaux pratiques des étudiants .					
8. Frais des opérations autorisées dans les laboratoires de l'Institut pour le compte de particuliers....................					
9. Dépenses imprévues.................					
TOTAUX.............					

Vu le décret du 10 août 1893 sur la comptabilité des Corps de Facultés;

Vu l'instruction du 22 novembre 1893 , relative à l'application dudit décret;

Vu l'avis du Conseil général des Facultés de l'Académie d   en date du

Le Directeur de l'Institut de [1]   du Corps des Facultés de   demande que le budget de cet Institut soit fixé, pour l'exercice 189   , à la somme de

A   , le   189   .

Le Ministre de l'Instruction publique arrête le budget de l'Institut de [1]   du Corps des Facultés de   pour l'exercice 189   , à la somme de

Paris, le   189   .

____

[1] *Désigner l'ordre d'enseignement* (Physique, chimie, botanique, etc.).

MINISTÈRE
DE L'INSTRUCTION
PUBLIQUE.

DIRECTION
DE
L'ENSEIGNEMENT SUPÉRIEUR.

3ᵉ BUREAU.

CORPS DES FACULTÉS de

MODÈLE Nº 2 *bis*.

BUDGET ADDITIONNEL DE L'EXERCICE 189 .

(Sommes à reporter en recettes et en dépenses de 189   à 189   .)

1° BUDGET ORDINAIRE.

CHAPITRE 1ᴱᴿ. — RECETTES.

NUMÉROS DES ARTICLES du budget de l'exercice 189	NATURE DES RECETTES.	RECETTES.			DÉPENSES de L'EXERCICE 189 payées au 30 mars 189 .	RES-SOURCES DISPONIBLES de l'exercice 189 à reporter à l'exercice 189 .	OBSERVATIONS.
		RECOUVRE-MENTS effectués pendant l'exercᵉ 189 (du 1ᵉʳ janv. 189 au 30 mars 189 .)	RESTES à recouvrer au 30 mars 189 .	TOTAL des recettes propres à l'exercice.			
1	2	3	4	5	6	7	8
1	§ 1. Revenus des biens meubles et immeubles.						
	§ 2. Intérêts des fonds placés au Trésor.....						
2	Produit des publications communes à plusieurs Facultés......................						
3	Produit des opérations autorisées par le Ministre de l'Instruction publique, pour le compte de particuliers, dans des laboratoires communs à plusieurs Facultés et dont la dépense doit être remboursée conformément aux conditions déterminées par le Conseil général des Facultés..........						
4	Allocations consenties par des Facultés pour contribuer à des dépenses communes....						
5	Subventions de l'État.................						
6	Subventions des départements, des communes, des établissements publics, des établissements d'utilité publique et des particuliers.....................						
7	Ressources autres que celles ci-dessus énumérées et ayant le caractère de revenus.....						
	TOTAL des recettes........						

CHAPITRE II. — DÉPENSES.

NUMÉROS DES ARTICLES du budget de l'exercice 189 .	NATURE DES DÉPENSES.	CRÉDITS FIXÉS au budget de 189 ou accordés par décisions spéciales.	DÉPENSES MANDATÉES au 1ᵉʳ mars 189 .	DÉPENSES PAYÉES au 30 mars 189 .	RESTES à PAYER à reporter au budget de l'exercice 189 .	CRÉDITS NON EMPLOYÉS reportés à l'exercice 189 .	OBSERVATIONS.
1	2	3	4	5	6	7	8
1	Impositions établies par les lois............						
2	Dépenses du personnel imputables sur les revenus des dons et legs ou sur les subventions.................................						
3	Bourses payées à l'aide des mêmes ressources. Dépenses de la bibliothèque universitaire, savoir :						
	1. Achat de livres...................						
	2. Abonnements aux journaux et revues..						
4	3. Réserve. (*Quart du crédit affecté aux acquisitions de livres.*).............						
	4. Frais de reliure.................						
	5. Chauffage......................						
	6. Éclairage.......................						
	7. Entretien du mobilier, frais d'assurance,						
	8. Frais de bureau, papeterie, impressions.						
	9. Dépenses imprévues...............						
5	Entretien des bâtiments...............						
6	Entretien du mobilier.................						
7	Éclairage et chauffage.................						
8	Impressions et frais de bureau...........						
9	Frais matériels des examens.............						
10	Entretien et accroissement des collections...						
11	Frais de cours et de laboratoire...........						
12	Frais de travaux pratiques des étudiants....						
13	Frais des publications.................						
14	Frais des opérations autorisées dans les laboratoires pour le compte de particuliers...						
15	Acquisitions et allocations pour prix et médailles, savoir : (*Désigner les dons et legs et les subventions.*)						
16	Rétribution de l'agent comptable..........						
17	Acquittement des dettes exigibles, savoir : Exercice 189 .... Exercice 189 .... Exercice 189 .... Exercice 189 .... Exercice 189						(Suivant état-nominatif ci-joint.)
18	Dépenses autres que celles ci-dessus énumérées et imputables sur les revenus annuels.						
	TOTAL des dépenses........						

2° BUDGET EXTRAORDINAIRE.

CHAPITRE IER. — RECETTES.

NATURE DES RECETTES.	RECETTES.			DÉPENSES de L'EXERCICE 189 payées au 3o mars 189 .	RES-SOURCES DISPONIBLES de l'exercice 189 à reporter à l'exercice 189 .	OBSERVATIONS.
	RECOUVRE-MENTS effectués pendant l'exerc^{te} 189 (du 1er janv. 189 au 3o mars 189 .)	RESTES à recouvrer au 3o mars 189 .	TOTAL des recettes propres à l'exercice.			
1	2	3	4	5	6	7
Capitaux provenant { de dons et legs.............						
d'emprunts....................						
d'aliénations...................						
de remboursements..............						
de coupes extraordinaires de bois......						
de ressources autres que celles ci-dessus désignées.....................						
TOTAL des recettes...........						

CHAPITRE II. — DÉPENSES.

NATURE DES DÉPENSES.	CRÉDITS FIXÉS au budget de 189 ou accordés par décisions spéciales.	DÉPENSES MANDATÉES au 1er mars 189 .	DÉPENSES PAYÉES au 3o mars 189 .	RESTES À PAYER à reporter au budget de l'exercice 189 .	CRÉDITS NON EMPLOYÉS reportés à l'exercice 189 .	OBSERVATIONS.
1	2	3	4	5	6	7
Emploi des capitaux provenant de dons et legs, d'emprunts, d'aliénations, de rembourse-ments, etc. { (*Ouvrir, quand il y a lieu, l'article ou les articles nécessaires et désigner l'objet des dépenses.*)						
TOTAL des dépenses..........						

Vu

Vu l'article 71 de la loi du 28 avril 1893 ;

Vu le décret du 28 décembre 1885 modifié par le décret du 9 août 1893 ;

Vu le décret du 10 août 1893 ;

Vu les propositions du Conseil général des Facultés de l'Académie de   en date du

Le Président dudit Conseil, soussigné, demande que le budget additionnel du Corps des Facultés de
pour l'exercice 189   , soit fixé ainsi qu'il suit :

Budget ordinaire..... { Restes disponibles de l'exercice 189   à reporter à l'exercice 189   , à la somme de

savoir :

1° Restes à payer de l'exercice 189   :

2° Crédits non employés en 189   :

Budget extraordinaire.. { Restes disponibles de l'exercice 189   à reporter à l'exercice 189   , à la somme de

savoir :

1° Restes à payer de l'exercice 189   :

2° Crédits non employés en 189   :

A   , le   189 .

Le Ministre de l'Instruction publique arrête ainsi qu'il suit, pour l'exercice 189   , le budget additionnel du
Corps des Facultés de   :

Budget ordinaire..... { Restes disponibles de l'exercice 189   à reporter à l'exercice 189   , à la somme de

savoir :

1° Restes à payer de l'exercice 189   :

2° Crédits non employés en 189   :

Budget extraordinaire.. { Restes disponibles de l'exercice 189   à reporter à l'exercice 189   , à la somme de

savoir :

1° Restes à payer de l'exercice 189   :

2° Crédits non employés en 189   :

Fait à Paris, le   189 .

MINISTÈRE
DE L'INSTRUCTION
PUBLIQUE.

CORPS DES FACULTÉS

de

Somme :

Chapitre

Article

du budget (ordinaire ou extraordinaire) *de 189 .*

TITRE DE PERCEPTION.

LE PRÉSIDENT DU CONSEIL GÉNÉRAL DES FACULTÉS de

Vu l'article 71 de la loi de finances du 28 avril 1893 et le décret du 10 août 1893 ;

ARRÊTE :

L'agent comptable du Corps des Facultés de

est autorisé à faire recette au compte dudit Corps, de la somme de

montant d

Fait à   , le   189 .

NOTA. *Le présent titre de perception doit être transmis à l'Agent comptable par l'intermédiaire du Trésorier-payeur général ou du Receveur des finances.*

32.

MODÈLE N° 4 *bis.*

(Format tellière.)

MINISTÈRE
DE L'INSTRUCTION
PUBLIQUE.

CORPS DES FACULTÉS
de

SOMME À REMBOURSER.
fr.

AUTORISATION DE REMBOURSEMENT

sur les fonds déposés au Trésor public, avec intérêts, par le Corps des Facultés
de

LE PRÉSIDENT DU CONSEIL GÉNÉRAL DES FACULTÉS DE

Vu les arrêtés du Ministre des Finances en date des 25 novembre 1824, 26 décembre 1825 et 4 juillet 1839, sur le mode et les conditions des placements en compte courant faits au Trésor par les établissements publics;

Vu le décret du 10 août 1893 sur la comptabilité des Corps de Facultés;

Considérant que les besoins dudit Corps exigent le remboursement d'une partie de ses fonds déposés au Trésor, à l'effet de pourvoir au payement des dépenses allouées par le budget;

Vu le compte courant du Corps des Facultés de avec le Trésor public, d'où il résulte que le crédit actuellement déposé est de

ARRÊTE :

Le (A) remboursera à l'Agent comptable du Corps des Facultés de , la somme de sur les fonds déposés par ce Corps au Trésor public.

Le présent mandat, dûment acquitté par l'agent comptable, sera alloué en dépense au (A)

A , le 189 .

Pour acquit de la somme de
A , le 189 .

L'Agent comptable,

(A) POUR PARIS : le **Receveur central de la Seine;**

POUR LES DÉPARTEMENTS : le **Trésorier-Payeur général ou Receveur particulier de l'arrondissement.**

(Format tellière.)

MINISTÈRE DE L'INSTRUCTION PUBLIQUE.

CORPS DES FACULTÉS de

(Article 71 de la loi du 28 avril 1893, et décret du 10 août 1893.)

MANDAT DE PAYEMENT.

EXERCICE 189 .

CHAPITRE 1ᵉʳ. — ART.   DU BUDGET (*ORDINAIRE OU EXTRAORDINAIRE.*)
(Décision ministérielle du   .)

En vertu des crédits ouverts au budget du Corps des Facultés de
M.   *, Agent comptable dudit Corps, payera à la partie prenante,*
pour les motifs ci-après, SAVOIR :

DÉSIGNATION DE LA PARTIE PRENANTE.	OBJET DU PAYEMENT.	SOMMES.	INDICATION DES PIÈCES PRODUITES à l'agent comptable à l'appui du présent mandat.

Le présent mandat montant à la somme de

VU :

délivré par nous, Président du Conseil général des Facultés de

L'Agent comptable,

A   , le   189 .

Pour quittance de la somme ci-dessus :

A   , le   189 .

MINISTÈRE
DE L'INSTRUCTION
PUBLIQUE.

MODÈLE N° 6 *bis*.

(*Format couronne.*)

N°

D'ORDRE DU BORDEREAU.

La série des numéros d'ordre doit être suivie sans interruption depuis le commencement jusqu'à la fin de l'exercice.

CORPS DES FACULTÉS de

EXERCICE 189 .

JOURNÉE DU 189 .

BORDEREAU *détaillé des mandats collectifs ou individuels délivrés dans le cours de la présente journée sur la caisse de l'Agent comptable du Corps des Facultés de par le Président du Conseil général, soussigné.*

NUMÉROS d'ordre des mandats.	NOMS ET PRÉNOMS des PARTIES PRENANTES.	OBJET DE LA DÉPENSE.	ARTICLES DU BUDGET sur lesquels les mandats sont imputés.	SOMMES à PAYER.	TOTAL par ARTICLE.	NOMBRE DES PIÈCES justificatives annexées à chaque mandat.	DATE DES PAYEMENTS.
		TOTAL				. . . .	

(1) Énoncer la somme en toutes lettres.
(2) Nombre à mentionner.

CERTIFIÉ par moi, Président du Conseil général des Facultés de le présent bordereau montant à la somme de (1) et accompagné de (2) mandats à viser par l'Agent comptable du Corps des Facultés

A , le 189 .

Renvoyé à M. le Président du Conseil général des Facultés de mandats visés.

A , le 189 .

L'Agent comptable,

Reçu les mandats dont le renvoi est indiqué ci-contre.

A , le 189 .

Le Président du Conseil général des Facultés,

CORPS DES FACULTÉS de

MODÈLE N° 7 *bis.*

(Format tellière.)

Les imputations de payement reconnues erronées sont rectifiées au moyen de certificats du présent modèle délivrés par l'ordonnateur.

Les changements d'imputation ne sont toutefois admis que jusqu'au 30 mars de la seconde année de l'exercice.

CERTIFICAT DE RÉIMPUTATION.

Le Président du Conseil général des Facultés de certifie que l'imputation *des mandats énumérés ci-après doit être rectifiée conformément aux indications du tableau qui suit :*

NUMÉROS des mandats.	DATE des MANDATS.	DÉSIGNATION des PARTIES PRENANTES.	OBJET de LA DÉPENSE.	MONTANT des MANDATS.	IMPUTATIONS						OBSERVATIONS.
					ACTUELLES.			NOUVELLES.			
					Exercice.	Budget.	Article.	Exercice.	Budget.	Article.	
1	2	3	4	5	6	7	8	9	10	11	12

A , le 189 .

Le Président du Conseil général des Facultés,

MINISTÈRE
DE L'INSTRUCTION
PUBLIQUE.

Modèle n° 8 *bis.*

(*Format tellière.*)

ORDRE DE REVERSEMENT.

EXERCICE 189 .

CORPS DES FACULTÉS de   ,

Chapitre 1ᵉʳ. — Article   du Budget (*ORDINAIRE OU EXTRAORDINAIRE.*)

M.

est requis de verser à la Caisse de l'Agent comptable du Corps des Facultés de
la somme dont l'indication suit, pour les motifs ci-après énoncés, savoir :

DÉSIGNATION DU MANDAT SUR LEQUEL doit porter le reversement.			MOTIFS DU REVERSEMENT À OPÉRER.	MONTANT DE LA SOMME à reverser.	OBSERVATIONS.
Nu-méro.	Date.	Montant.			

Arrêté le présent état à la somme de (1)

A   , le   189 .

Le Président du Conseil général des Facultés de

(1) Somme en toutes lettres.

Modèle n° 9 *bis.*

(Format écu.)

MINISTÈRE DE L'INSTRUCTION PUBLIQUE.

CORPS DES FACULTÉS de

LABORATOIRE de [1]

OPÉRATIONS EFFECTUÉES POUR LE COMPTE DES PARTICULIERS.

REGISTRE-QUITTANCE DES SOMMES PERÇUES.

(Art. 13 du décret du 10 août 1893.)

[1] Désigner le service.

CORPS DES FACULTÉS DE	SOMMES PERÇUES.	CORPS DES FACULTÉS DE

CORPS DES FACULTÉS DE

LABORATOIRE DE

N° 1. Du 189 .

Opération effectuée le pour le compte de M. , demeurant à , savoir :
(1)
somme perçue : (2)
suivant tarif arrêté par délibération du Conseil général des Facultés d
en date du

Le Préposé,

CORPS DES FACULTÉS DE

LABORATOIRE DE

N° 1. Du 189 .

Reçu de M. demeurant à
la somme de (2) pour l'opération effectuée
le dans ledit laboratoire et relative
à (4)

A , le 189 .

Le Préposé,

CORPS DES FACULTÉS DE

LABORATOIRE DE

N° 2. Du 189 .

Opération effectuée le pour le compte de M. , demeurant à , savoir :
(1)
somme perçue : (2)
suivant tarif arrêté par délibération du Conseil général des Facultés d
en date du

Le Préposé,

CORPS DES FACULTÉS DE

LABORATOIRE DE

N° 2. Du 189 .

Reçu de M. demeurant à
la somme de (2) pour l'opération effectuée
le dans ledit laboratoire et relative
à (4)

A , le 189 .

Le Préposé,

CORPS DES FACULTÉS DE

LABORATOIRE DE

N° 3. Du 189 .

Opération effectuée le pour le compte de M. , demeurant à , savoir :
(1)
somme perçue : (2)
suivant tarif arrêté par délibération du Conseil général des Facultés d
en date du

Le Préposé,

CORPS DES FACULTÉS DE

LABORATOIRE DE

N° 3. Du 189 .

Reçu de M. demeurant à
la somme de (2) pour l'opération effectuée
le dans ledit laboratoire et relative
à (4)

A , le 189 .

Le Préposé,

CORPS DES FACULTÉS DE

LABORATOIRE DE

N° 4. Du 189 .

Opération effectuée le pour le compte de M. , demeurant à , savoir :
(1)
somme perçue : (2)
suivant tarif arrêté par délibération du Conseil général des Facultés d
en date du

Le Préposé,

A reporter...

CORPS DES FACULTÉS DE

LABORATOIRE DE

N° 4. Du 189 .

Reçu de M. demeurant à
la somme de (2) pour l'opération effectuée
le dans ledit laboratoire et relative
à (4)

A , le 189 .

Le Préposé,

(Colonne centrale, texte vertical : LABORATOIRE DE (3))

(1) Désigner la nature de l'opération (expertise, analyse, etc.).
(2) Porter la somme en toutes lettres et la reproduire en chiffres dans la colonne intitulée « SOMMES PERÇUES »; cette colonne doit être totalisée au bas de chaque page et total reporté au feuillet suivant.
(3) À compléter lors de l'impression du registre.
(4) Désigner l'opération.

Extrait de la délibération du Conseil général des Facultés de
en date du   189 :

Tarif des opérations qui pourront être effectuées dans le laboratoire
de   pour le compte des particuliers, savoir :

(Tarif à reproduire ici.)

N. B. — Les opérations qui n'ont pu être déterminées dans le tarif courant font l'objet de délibérations dudit Conseil.

Extrait de la délibération du Conseil général des Facultés de
en date du   189 :

Tarif des opérations qui pourront être effectuées dans le laboratoire
de   pour le compte des particuliers, savoir :

(Tarif à reproduire ici.)

N. B. — Les opérations qui n'ont pu être déterminées dans le tarif courant font l'objet de délibérations dudit Conseil.

Extrait de la délibération du Conseil général des Facultés de
en date du   189 :

Tarif des opérations qui pourront être effectuées dans le laboratoire
de   pour le compte des particuliers, savoir :

(Tarif à reproduire ici.)

N. B. — Les opérations qui n'ont pu être déterminées dans le tarif courant font l'objet de délibérations dudit Conseil.

Extrait de la délibération du Conseil général des Facultés de
en date du   189 :

Tarif des opérations qui pourront être effectuées dans le laboratoire
de   pour le compte des particuliers, savoir :

(Tarif à reproduire ici.)

N. B. — Les opérations qui n'ont pu être déterminées dans le tarif courant font l'objet de délibérations dudit Conseil.

Extrait de la délibération du Conseil général des
Facultés de   en date
du   189

Tarif des opérations qui pourront être effectuées dans
le laboratoire de   pour le compte
des particuliers, savoir :

(Tarif à reproduire ici.)

N. B. Les opérations qui n'ont pu être déterminées dans le tarif courant font l'objet de délibérations spéciales dudit Conseil.

Extrait de la délibération du Conseil général de
Facultés de   en date
du   189

Tarif des opérations qui pourront être effectuées dans
le laboratoire de   pour le compte
des particuliers, savoir :

(Tarif à reproduire ici.)

N. B. Les opérations qui n'ont pu être déterminées dans le tarif courant font l'objet de délibérations spéciales dudit Conseil.

Extrait de la délibération du Conseil général des
Facultés de   en date
du   189

Tarif des opérations qui pourront être effectuées dans
le laboratoire de   pour le compte
des particuliers, savoir :

(Tarif à reproduire ici.)

N. B. Les opérations qui n'ont pu être déterminées dans le tarif courant font l'objet de délibérations spéciales dudit Conseil.

Extrait de la délibération du Conseil général des
Facultés de   en date
du   189

Tarif des opérations qui pourront être effectuées dans
le laboratoire de   pour le compte
des particuliers, savoir :

(Tarif à reproduire ici.)

N. B. Les opérations qui n'ont pu être déterminées dans le tarif courant font l'objet de délibérations spéciales dudit Conseil.

MINISTÈRE
DE L'INSTRUCTION
PUBLIQUE.

CORPS DES FACULTÉS de

Modèle n° 10 *bis.*

(*Format couronne.*)

EXERCICE 189 .

BUDGET (ordinaire *ou* extraordinaire).

ARTICLE .

Bordereau des quittances et pièces remises à l'Agent comptable du Corps des Facultés de
par M.   Régisseur d [1]   *dudit Corps pour justifier*
de l'emploi de l'avance de [2]   *qui lui a été faite*
le [3]   *189   , sous le n°   .*

NUMÉROS D'ORDRE [4].	DÉSIGNATION DES PIÈCES.	NATURE DES DÉPENSES.	MONTANT de CHAQUE ACQUIT ou facture.	NOMS des PARTIES PRENANTES [5].	OBSERVATIONS.
1	Une facture..........	Fourniture de planchettes...	6^f 00^c		
2	Une lettre de voiture....	Transport d'une caisse......	7 00		
3	Un reçu.............	Salaire d'hommes à la journée.	17 50		
4	.....	.....			
5	.....	.....			
6	.....	....			
	Montant du présent bordereau.........		30^f 50^c		
	Dont à déduire pour être payée sur les avances ultérieures, la somme de........		0 50		
	Total pareil au montant de l'avance du 189 .		30^f 00^c		

Le présent bordereau, comprenant [6]   pièces à l'appui, arrêté à la somme de [7]
par le Régisseur soussigné.

Vu :   A   , le   189 .

Le Président du Conseil général des Facultés,

---

[1] Désigner le service du Corps des Facultés (*Laboratoire, Service administratif ou général*).
[2] Indiquer la somme en toutes lettres.
[3] Date du versement de l'avance.
[4] Numéro à reproduire en tête de la pièce qu'il concerne.
[5] Porter simplement le nom sans autre désignation.
[6] Nombre de pièces d'après les numéros d'ordre.
[7] En toutes lettres.

34.

MINISTÈRE
DE L'INSTRUCTION
PUBLIQUE.

DIRECTION
DE
L'ENSEIGNEMENT SUPÉRIEUR.

3ᵉ BUREAU.

MODÈLE Nº 11 *bis.*

CORPS DES FACULTÉS de

COMPTE D'ADMINISTRATION

RENDU PAR M.

PRÉSIDENT DU CONSEIL GÉNÉRAL DES FACULTÉS.

EXERCICE 189 .

1° BUDGET ORDINAIRE.

CHAPITRE Iᵉʳ. — RECETTES.

NU-MÉROS des ARTICLES du budget.	NATURE DES RECETTES.	SOMMES À RECOUVRER au compte de l'exercice 189 .		RECOU-VREMENTS EFFECTUÉS pendant l'exercice 189 . (Du 1ᵉʳ janvier 189 au 30 mars 189 .)	RESTES À RECOUVRER au 30 mars 189 , à reporter à l'exercice 189 .	OBSERVATIONS.
		Fixation provisoire d'après le budget primitif et les autorisations spéciales.	Montant des produits d'après les titres et actes justificatifs.			
1	2	3	4	5	6	7
	§ 1ᵉʳ. Revenus des biens meubles et immeubles, savoir :					
1	. . . .					
	. . . .					
	. . . .					
	§ 2. Intérêts des fonds placés au Trésor					
2	Produit des publications communes à plusieurs Facultés					
3	Produit des opérations autorisées par le Ministre de l'Instruction publique, pour le compte de particuliers, dans des laboratoires communs à plusieurs Facultés et dont la dépense doit être remboursée conformément aux conditions déterminées par le Conseil général des Facultés					
4	Allocations consenties par des Facultés pour contribuer à des dépenses communes, savoir :					
	. . . .					
5	Subventions de l'État					
6	Subventions des départements, des communes, des établissements publics, des établissements d'utilité publique et des particuliers, savoir :					
	. . . .					
	. . . .					
	. . . .					
	. . . .					
7	Ressources autres que celles ci-dessus énumérées et ayant le caractère de revenus, savoir :					
	. . . .					
	. . . .					
	. . . .					
	. . . .					
	Total des recettes ordinaires					

BUDGET ORDINAIRE. (Suite.)

CHAPITRE II. — DÉPENSES.

NUMÉROS des ARTICLES du budget.	NATURE DES DÉPENSES.	CRÉDITS OUVERTS et par le budget primitif et par des décisions spéciales.	MANDATS ÉMIS au profit des créanciers.	PAYEMENTS effectués pendant l'exercice 189 . (Du 1er janvier 189 . au 30 mars 189 .)	RESTES À PAYER au 30 mars 189 . à reporter à l'exercice 189 .	SOMMES NON EMPLOYÉES sur l'exercice 189 à reporter à l'exercice 189 .	OBSERVATIONS.
1	2	3	4	5	6	7	8
1	Impositions établies par les lois						
2	Dépenses du personnel imputables sur le revenu des dons et legs ou sur les subventions.						
	(*Indiquer les noms des fonctionnaires ou agents et les traitements attribués à chacun d'eux.*)						
3	Bourses payées à l'aide des mêmes ressources.						
	(*Indiquer les noms des boursiers et la somme mandatée au nom de chacun d'eux.*)						
	Dépenses de la bibliothèque universitaire, savoir :						
	1. Achat de livres						
	2. Abonnements aux journaux et revues . .						
	3. Réserve. (*Quart du crédit affecté aux acquisitions de livres*)						
4	4. Frais de reliure						
	5. Chauffage						
	6. Éclairage						
	7. Entretien du mobilier, frais d'assurance.						
	8. Frais de bureau, papeterie, impressions.						
	9. Dépenses imprévues						
	A reporter						

BUDGET ORDINAIRE. (Suite.)

CHAPITRE II. — DÉPENSES.

NU-MÉROS des ARTICLES du budget.	NATURE DES DÉPENSES.	CRÉDITS OUVERTS par le budget primitif et par des décisions spéciales.	MANDATS ÉMIS au profit des créanciers.	PAYEMENTS effectués pendant l'exercice 189 . (Du 1er janvier 189 au 3o mars 189 .)	RESTES à PAYER au 3o mars 189 , à reporter à l'exercice 189 .	SOMMES NON EMPLOYÉES sur l'exercice 189 , à reporter à l'exercice 189 .	OBSERVATIONS.
1	2	3	4	5	6	7	8
	Report................						
5	Entretien des bâtiments						
6	Entretien du mobilier................						
7	Éclairage et chauffage................						
8	Impressions et frais de bureau						
9	Frais matériels des examens............						
10	Entretien et accroissement des collections...						
11	Frais de cours et de laboratoire..........						
12	Frais de travaux pratiques des étudiants....						
13	Frais des publications................						
14	Frais des opérations autorisées dans les laboratoires pour le compte de particuliers ...						
	A reporter................						

BUDGET ORDINAIRE. (Suite.)
CHAPITRE II. — DÉPENSES.

NU-MÉROS des ARTICLES du budget.	NATURE DES DÉPENSES.	CRÉDITS ouverts par le budget primitif et par des décisions spéciales.	MANDATS émis au profit des créanciers.	PAYEMENTS effectués pendant l'exercice 189 . (Du 1er janvier 189 au 30 mars 189 .)	RESTES à payer au 30 mars 189 , à reporter à l'exercice 189 .	SOMMES non employées sur l'exercice 189 , à reporter à l'exercice 189 .	OBSERVATIONS.
1	2	3	4	5	6	7	8
	Report						
15	Acquisitions et allocations pour prix et médailles , savoir : (*Désigner les dons et legs et les subventions.*)						
16	Rétribution de l'agent comptable..........						
17	Acquittement des dettes exigibles, savoir :						
	Exercice 189						
	Exercice 189						
	Exercice 189						
	Exercice 189						
	Exercice 189						
18	Dépenses autres que celles ci-dessus énumérées et imputables sur les revenus annuels, savoir :						
	TOTAL des dépenses ordinaires...						

RÉCAPITULATION (BUDGET ORDINAIRE) :

Recettes effectuées. (*Colonne 5. Recettes.*)...

Dépenses acquittées. (*Colonne 5. Dépenses.*)..

.... Excédent de recettes.................................

2° Budget extraordinaire.

2° BUDGET EXTRAORDINAIRE.
CHAPITRE Iᵉʳ. — RECETTES.

NATURE DES RECETTES.	SOMMES À RECOUVRER AU COMPTE de l'exercice 189 .		RECOUVREMENTS EFFECTUÉS pendant l'exercice 189 . (Du 1ᵉʳ janvier 189 au 30 mars 189 .)	RESTES À RECOUVRER au 30 mars 189 , à reporter à l'exercice 189 .	OBSERVATIONS.
	Fixation provisoire d'après le budget primitif et les autorisations spéciales.	Montant des produits d'après les titres et actes justificatifs.			
1	2	3	4.	5	6
Capitaux provenant { de dons et legs............................ d'emprunts............................. d'aliénations......................... de remboursèments..................... de coupes extraordinaires de bois.............. de ressources autres que celles ci-dessus désignées. savoir :					
TOTAL des recettes extrordinaires......					

CHAPITRE II. — DÉPENSES.

NATURE DES DÉPENSES.	CRÉDITS OUVERTS par le budget primitif et par des décisions spéciales.	MANDATS ÉMIS au profit des créanciers.	PAYEMENTS effectués pendant l'exercice 189 . (Du 1ᵉʳ janvier 189 au 30 mars 189 :)	RESTES À PAYER au 30 mars 189 , à reporter à l'exercice 189 .	SOMMES NON EMPLOYÉES sur l'exercice 189 , à reporter à l'exercice 189 .	OBSERVATIONS.
1	2	3	4.	5	7	8
Emploi des capitaux provenant de dons et legs, d'emprunts, d'aliénations, de remboursements, etc. { (Ouvrir, quand il y a lieu, l'article ou les articles nécessaires et désigner l'objet des dépenses).						
TOTAL des dépenses extraordinaires...						

RÉCAPITULATION (BUDGET EXTRAORDINAIRE) :

Recettes effectuées. (*Colonne 4. Recettes.*)...

Dépenses acquittées. (*Colonne 4. Dépenses.*)..

EXCÉDENT de recettes..........................

VU :

Vu l'article 71 de la loi du 28 avril 1893 ;

Vu le décret du 28 décembre 1885 modifié par le décret du 9 août 1893 ;

Vu le décret du 10 août 1893 ,

Vu l'avis du Conseil général des Facultés de l'Académie de   , en date
du

Le Président dudit Conseil, soussigné, affirme véritable dans toutes ses parties, le présent compte administratif
rendu par lui pour l'exercice 189   .

A   , le   189   .

Vu et APPROUVÉ le compte administratif du Corps des Facultés de
pour l'exercice 189   .

Paris, le   189   .

Le Ministre de l'Instruction publique,

Modèle n° 12 *bis*.

Art. 128 du Règlement.

(*Format écu.*)

MINISTÈRE DE L'INSTRUCTION PUBLIQUE.

CORPS DES FACULTÉS de

CARNET D'ENREGISTREMENT

DES TITRES DE PERCEPTION.

Modèle n° 12 *bis*.

TITRES DE PERCEPTION. —

NUMÉROS D'ORDRE des titres de perception.	DATE ET NATURE des titres établissant la créance.	NOMS des DÉBITEURS.	OBJET de la CRÉANCE.	DATE du TITRE de perception.	BUDGET ORDINAIRE				
					REVENUS des biens meubles et immeubles.	PRODUIT des publications.	PRODUIT des opérations.	SUBVENTIONS de l'État.	SUBVENTIONS des départements, communes, etc.
				TOTAUX...					

EXERCICE 189 .

AUTRES ressources ordinaires.	DONS et legs.	EMPRUNTS.	ALIÉNA- TIONS.	REMBOURSE- MENTS.	COUPES extra- ordinaires de bois.	Autres RESSOURCES extra- ordinaires.	TOTAL DES TITRES de perception.	DATES.	SOMMES.	RESTES à RECOUVRER à la clôture de l'exercice.

Columns under the header BUDGET EXTRAORDINAIRE: DONS et legs, EMPRUNTS, ALIÉNATIONS, REMBOURSEMENTS, COUPES extraordinaires de bois, Autres RESSOURCES extraordinaires. Columns under ENCAISSEMENTS SUCCESSIFS: DATES, SOMMES.

Modèle n° 13 *bis.*

(*Format écu.*)

MINISTÈRE DE L'INSTRUCTION PUBLIQUE.

CORPS DES FACULTÉS de

JOURNAL GÉNÉRAL

DES CRÉDITS.

DATES D'OUVERTURE des crédits. (Budget et décisions ministérielles.)	NUMÉROS des articles du budget.	NATURE DES CRÉDITS.	MONTANT des CRÉDITS.	OBSERVATIONS.
		EXERCICE 189 .		
		Janvier 189		
		TOTAL de janvier..........		
		Février 189		
		TOTAL de février..........		
		Report du mois précédent......		
		TOTAL au 1ᵉʳ mars..........		
		Mars 189		
		TOTAL de mars...........		
		Report des mois précédents......		
		TOTAL au 1ᵉʳ avril........		
		Avril 189		
		A reporter.............		

Modèle n° 14 *bis.*

(*Format écu.*)

MINISTÈRE DE L'INSTRUCTION PUBLIQUE.

CORPS DES FACULTÉS de

JOURNAL GÉNÉRAL

DES DROITS DES CRÉANCIERS.

N° D'ORDRE des liqui-dations ou droits consta-tés.	DATES des LIQUIDATIONS ou droits constatés.	NOMS des CRÉANCIERS.	DÉSIGNATION SOMMAIRE de l'objet des créances.	MONTANT des LIQUIDATIONS ou droits constatés.	N° des MANDATS délivrés en paye-ment.	OBSERVATIONS. ——— (Indiquer les motifs des annulations de créances.)

EXERCICE 189 .

ARTICLE (A) DU BUDGET (ORDINAIRE *OU* EXTRAORDINAIRE).

	Janvier 189 ..					
			TOTAL de janvier.			
	Février 189 ..					
			TOTAL de février.			
			Report du mois pré-cédent.			
			TOTAL au 1er mars.			
	Mars 189					
			A reporter			

(A) *Ce livre doit être tenu par articles; laisser pour chaque article le nombre de pages nécessaires.*

Modèle n° 15 *bis*.

(*Format écu.*)

MINISTÈRE DE L'INSTRUCTION PUBLIQUE.

CORPS DES FACULTÉS de

JOURNAL GÉNÉRAL

DES MANDATS DÉLIVRÉS.

NUMÉ-ros des man-dats de paye-ment.	DATES des MANDATS de payement.	NOMS ET QUALITÉS des parties prenantes.	IMPUTATION DES MANDATS.		OBJET DES DÉPENSES mandatées.	MONTANT des MANDATS délivrés pour payement.	DÉSIGNATION DES PIÈCES justificatives produites à l'appui de chaque mandat ou des mandats précédents auxquels les pièces ont été jointes.	OBSERVATIONS. — (Indiquer sommairement les motifs des annulations.)
			Numé-ros des articles du budget.	Numé-ros des liqui-dations.				

EXERCICE 189 .

	Janv. 189 .							
					Total de janvier .			
	Fév. 189 .							
					Total de février .			
					Report du mois précédent.			
					Total au 1ᵉʳ mars.			
	Mars 189 .							
					A reporter. . . .			

Modèle n° 16 *bis.*

(Format écu.)

MINISTÈRE DE L'INSTRUCTION PUBLIQUE.

CORPS DES FACULTÉS de

LIVRE

DE COMPTES PAR NATURE DE DÉPENSES.

DATE ET NATURE	CRÉDITS	LIQUI-DATION ou DROITS constatés.	MANDATS DÉLIVRÉS.			MANDATS	OBSERVATIONS.
DES OPÉRATIONS.	OUVERTS.		Nu-méros.	Dates.	Sommes.	PAYÉS.	

EXERCICE 189 .

ARTICLE (A)　　　DU BUDGET (ORDINAIRE *OU* EXTRAORDINAIRE).

Totaux de janvier 189 .							
Totaux de février 189 .							
Report du mois précédent.							
Totaux au 1er mars 189 .							
Totaux de mars 189 .							
Report des mois précé-dents							
Totaux au 1er avril 189 .							

NOTA.. — Les opérations relatives aux ouvertures de crédits, aux liquidations ou droits constatés et aux mandats délivrés devront être rapportées, *par journées*, d'après les journaux spéciaux, et les mandats payés, d'après les bordereaux mensuels de l'agent comptable.

(A) *Ce livre doit être tenu par articles ; laisser pour chaque article le nombre de pages nécessaires.*

Modèle n° 17 *bis*.

(*Format écu.*)

MINISTÈRE DE L'INSTRUCTION PUBLIQUE.

CORPS DES FACULTÉS de

M.   , *Agent comptable.*

EXERCICE 189 .

LIVRE DE DÉTAIL SPÉCIAL

*des recettes et des dépenses à porter au compte ouvert, sur le livre des comptes divers,
au Corps des Facultés de*

Suite du Modèle Nº 17 *bis*.

SECTION I. — COMPTE DES RECETTES. — EXERCICE 189 .

(Art. 1er du budget.) *Revenus des biens meubles ou immeubles et intérêts des fonds placés au Trésor.*

DATES.	MONTANT DU PRODUIT À RECOUVRER	d'après le budget principal....fr. en vertu d'autorisations spéciales du.....................fr........ du.....................fr........ du.....................fr........ Total.........fr.........	MONTANT des TITRES de perception délivrés.	SOMMES RECOUVRÉES		TOTAL par MOIS.
				EN 189 . 1re année de l'exercice.	EN 189 . 2e année de l'exercice.	

(Art. 2 du budget.) *Produit des publications communes à plusieurs Facultés.*

(Art. 3 du budget.) *Produits des opérations autorisées par le Ministre pour le compte de particuliers dans des laboratoires communs à plusieurs Facultés.*

SECTION II. — COMPTE DES DÉPENSES. — EXERCICE 189 .

(Art. 1er du budget.) *Impositions établies par les lois.*

DATES.	SITUATION DES CRÉDITS OUVERTS	par le budget primitif...... fr.......... par décisions ministérielles du................... fr.......... du................... fr.......... du................... fr.......... TOTAL...... fr..........	MONTANT des BORDEREAUX d'émission de mandats.	PAYEMENTS EFFECTUÉS		TOTAL par MOIS.
				EN 189 . 1re année de l'exercice.	EN 189 . 2e année de l'exercice.	

(Art. 2 du budget.) *Dépenses du personnel imputables sur le revenu des dons et legs ou sur les subventions.*

(Art. 3 du budget.) *Bourses payées à l'aide des ressources prévues à l'article 2.*

37.

MINISTÈRE DE L'INSTRUCTION PUBLIQUE.

Modèle nº 18 *bis.*

Art. 134 du Règlement.

(*Format couronne.*)

CORPS DES FACULTÉS de

EXERCICE 189 .

BORDEREAU SOMMAIRE

des recettes et des payements effectués depuis le commencement de l'exercice ci-dessus désigné jusqu'au dernier jour du mois d , par M. , Agent comptable du Corps des Facultés de

RECETTES.

N^{os} des articles du budget.	DÉSIGNATION DES ARTICLES DU BUDGET.	TITRES DE PERCEPTION émis depuis le commencement de l'exercice 189 jusqu'au dernier jour du mois d	RECOUVREMENTS EFFECTUÉS depuis la commencement de l'exercice 189 jusqu'au dernier jour du mois d	OBSERVATIONS.
	Totaux généraux......			

DÉPENSES.

N°ˢ des articles du budget.	DÉSIGNATION DES ARTICLES DU BUDGET.	MANDATS DE PAYEMENT délivrés depuis le commencement de l'exercice 189 jusqu'au dernier jour du mois d	PAYEMENTS EFFECTUÉS			MANDATS restant À PAYER.	OBSERVATIONS.
			ANTÉRIEURE-MENT.	PENDANT le mois.	TOTAL des payements.		
	TOTAUX GÉNÉRAUX..						

CERTIFIÉ les résultats du présent bordereau conformes à mes écritures.

A , le 189 .

L'Agent comptable,

CORPS DES FACULTÉS
de

ᵉ TRIMESTRE DE L'ANNÉE 189 .

MODÈLE N° 19 *bis.*

(*Format tellière.*)

DÉCOMPTE

de la rétribution à allouer à l'Agent comptable du Corps des Facultés de
pour les payements qu'il a effectués pendant la période ci-dessus indiquée pour le compte dudit Corps.

RÉTRIBUTION SUR LES PAYEMENTS.	MONTANT DES PAYEMENTS effectués depuis le 1ᵉʳ janvier.	TARIF de LA RÉTRIBUTION.	MONTANT de LA RÉTRIBUTION.	OBSERVATIONS.
Premiers 25,000 francs.........		1 franc pour 100.		
Au-dessus de 25,000 francs......		0 fr. 50 pour 100.		
....				
....				
TOTAL.............				
A DÉDUIRE le montant de la rétribution déjà payée pour les trimestres précédents.				
RESTE à ordonnancer au profit du comptable pour la rétribution du ᵉ trimestre.				(A)
DÉCOMPTE DE LA RETENUE DE 5 P. 0/0.				
Rétribution du ᵉ trimestre.....................				
A déduire un quart pour frais de bureau, conformément aux dispositions de l'article 3 de la loi du 9 juin 1853.....................				
NET.....................				
RETENUE DE 5 P. 0/0.........				
RESTE net à payer.....................				

ARRÊTÉ le présent décompte à la somme de (A)

A   , le   189 .

Le Président du Conseil général des Facultés,

MINISTÈRE
DE L'INSTRUCTION
PUBLIQUE.

CORPS DES FACULTÉS de

MODÈLE N° 20 *bis.*

Art. 5o et 146
du Règlement.

(*Format couronne.*)

BUDGET (ORDINAIRE *ou* EXTRAORDINAIRE).

BORDEREAU

détaillé des titres de perception et des versements effectués.

TITRES DE PERCEPTION.			RECOUVREMENTS EFFECTUÉS.			RESTES À RECOUVRER.			
NUMÉRO d'ordre.	DATE DU TITRE.	MONTANT du titre.	NUMÉRO d'ordre de la quittance à souche.	DATE du versement.	MONTANT du versement.	SOMMES à recouvrer.	MOTIFS du non-recouvrement.	RECOUVREMENTS arriérés à reporter à l'exercice 189 .	RESTES considérés comme irre-couvrables.
A reporter..........			....	....			....		

38.

TITRES DE PERCEPTION.			RECOUVREMENTS EFFECTUÉS.			RESTES À RECOUVRER.			
NUMÉRO d'ordre.	DATE DU TITRE.	MONTANT du titre.	NUMÉRO d'ordre de la quittance à souche.	DATE du versement.	MONTANT du versement.	SOMMES à recouvrer.	MOTIFS du non-recouvrement.	RECOUVREMENTS arriérés à reporter à l'exercice 189 .	RESTES considérés comme irrecouvrables.
Report..........									
Totaux........									

COMPARAISON DES TITRES DE PERCEPTION ET DES RECOUVREMENTS.

MONTANT DES TITRES ÉMIS.	MONTANT des RECOUVREMENTS effectués.	RESTES À RECOUVRER.		
		SOMMES À RECOUVRER.	RECOUVREMENTS arriérés à reporter à l'exercice 189 .	RESTES considérés comme irrecouvrables.

CERTIFIÉ EXACT :

A   , le   189   .

L'Agent comptable,

Vu la délibération du Conseil général des Facultés de   en date du
Le Président dudit Conseil arrête à la somme de [1]   , le montant des restes à recouvrer
de l'exercice 189   , savoir :

Restes à recouvrer à reporter à l'exercice 189   [1] :

Restes à recouvrer déclarés irrecouvrables et dont le comptable est déchargé [1] :

Restes à recouvrer mis à la charge du comptable [1] :

A   , le   189   .

[1] *Énoncer la somme en toutes lettres.*

MINISTÈRE
DE L'INSTRUCTION
PUBLIQUE.

CORPS DES FACULTÉS de

Modèle n° 21 *bis*.

Art. 126 du Règlement.

EXERCICE 189 .

Feuille double.
(*Format tellière.*)

ÉTAT

des mandats non payés au 30 mars 189 , époque de la clôture définitive de l'exercice.

NUMÉROS des ARTICLES du budget.	DÉSIGNATION DES ARTICLES.	NOMS ET QUALITÉS DES CRÉANCIERS.	NUMÉRO des mandats.	MONTANT DES MANDATS non payés.	NOMBRE des PIÈCES justifica- tives jointes.	OBSERVATIONS.
		TOTAL.				

CERTIFIÉ les résultats du présent bordereau conformes à mes écritures.

A , le 189 .

L'Agent comptable,

MODÈLE N° 22 *bis.*

Art. 146 du Règlement.

Feuille double.
(*Format couronne.*)

MINISTÈRE
DE L'INSTRUCTION
PUBLIQUE.

CORPS DES FACULTÉS de

N°   DU COMPTE DE GESTION.

EXERCICE 189 .

ARTICLE   DU BUDGET.
(Ordinaire ou extraordinaire.)

(1)

BORDEREAU DÉTAILLÉ, par articles, des mandats acquittés pendant l'exercice.

NUMÉROS d'ordre.	DÉSIGNATION DES MANDATS		NOMBRE DES PIÈCES jointes à chaque mandat.	SOMMES PAYÉES.	OBSERVATIONS.
	NUMÉRO.	NOM DU TITULAIRE.			
1	2	3	4	5	6
Nombre des mandats.					
		TOTAUX			

(1) Indiquer le titre de l'article.

MINISTÈRE
DE L'INSTRUCTION
PUBLIQUE.

CORPS DES FACULTÉS

de

MODÈLE N° 23 *bis.*

Art. 147 du Règlement.

COMPTE

(*Format écu.*)

DE LA GESTION 189   (2ᵉ PARTIE) ET DE LA GESTION 189   (1ʳᵉ PARTIE).

Que présente à la Cour des comptes M.
Agent comptable du Corps des Facultés de   *pour les Recettes et les Dépenses*
faites savoir :
    1° Pendant l'année 189   , sur les services budgétaires des exercices 189   et 189   , ainsi
que sur les services hors budget;
    2° Pendant l'année 189   , sur les services budgétaires de l'exercice 189   .

SITUATION DU COMPTABLE AU 31 DÉCEMBRE 189   .

Excédent des recettes au 31 décembre 189   , représentée à cette époque par des valeurs matérielles qui ont été reconnues suivant procès-verbal de clôture des registres; lequel excédent sera reporté à la fin du présent compte pour établir la situation du comptable au 31 décembre 189   , savoir :

    Sur les services budgétaires. . . . .
    Sur les services hors budget. . . . .

GESTION 189. (1ᴿᴱ PARTIE.)

OPÉRATIONS COMPLÉMENTAIRES DE L'EXERCICE 189   , CLOS AU 30 MARS 189   . (RAPPEL.)

Le Comptable rapporte ici, pour servir à l'établissement de la situation au 31 décembre 189   , les recettes et les dépenses effectuées dans les trois premiers mois de la gestion 189   , sur l'exercice 189   , lesquelles sont détaillées dans le compte précédent et dont les justifications ont été produites par lui. Elles s'élèvent, savoir :

    Les recettes. . . { Budget ordinaire, à la somme de. . . . .
                 Budget extraordinaire, à la somme de. . . . .
    Les dépenses. . { Budget ordinaire, à la somme de. . . . .
                 Budget extraordinaire, à la somme de. . . . .

GESTION 189   . (2ᴱ PARTIE.)

OPÉRATIONS DES DOUZE PREMIERS MOIS DE L'EXERCICE 189   .

RECETTE.

Fait recette le comptable de la somme de
montant des recouvrements effectués par lui pendant l'année 189   , tant sur les produits portés au budget de l'exercice 189   et sur les produits reportés de l'exercice 189   que sur les produits perçus en vertu d'autorisations supplémentaires, lesquels recouvrements sont justifiés conformément aux instructions, ci. . . . .

GESTION 189   . (1ᴿᴱ PARTIE.)

OPÉRATIONS COMPLÉMENTAIRES DE L'EXERCICE
189   , CLOS LE 30 MARS 189   .

RECETTE.

Fait recette le comptable de la somme de
montant des recouvrements effectués pendant les trois premiers mois de la gestion 189   , sur les produits désignés ci-contre, lesquels recouvrements sont justifiés conformément aux instructions, ci. . . . . F
Rappel des recouvrements effectués en 189   . . . .
TOTAL des recouvrements de l'exercice 189   . . . . F

NUMÉROS D'ORDRE. (SÉRIE UNIQUE.)	NUMÉROS DES ARTICLES DU BUDGET	DÉSIGNATION des RECETTES.	SOMMES À RECOUVRER au compte de l'exercice 189 .		GESTION 189 . RECOUVREMENTS effectués pendant les 12 premiers mois de l'exercice 189 .	GESTION 189 . RECOUVREMENTS effectués pendant les 3 mois complémentaires de l'exercice 189 .	TOTAUX des RECOUMENTS de l'exercice 189 . (Col. 6 et 7.)	RESTES à RECOUVRER au 30 mars 189 . à reporter à l'exercice 189 .	OBSERVATIONS.
			Fixation provisoire d'après le budget primitif, le budget additionnel et les autorisations spéciales.	Montant des produits d'après les titres et actes justificatifs, déduction faite des réductions.					
1	2	3	4	5	6	7	8	9	
		1° BUDGET ORDINAIRE.							
1		§ 1ᵉʳ. Revenus des biens meubles et immeubles.							
		§ 2. Intérêts des fonds placés au Trésor							
		A reporter.							

GESTION 189 . (2ᴱ PARTIE.)
(12 premiers mois de l'exercice 189 .)

GESTION 189 . (1ᴿᴱ PARTIE.)
(3 mois complémentaires de l'exercice 189 .)

NUMÉROS D'ORDRE. (SÉRIE UNIQUE.)	NUMÉROS DES ARTICLES DU BUDGET	DÉSIGNATION des RECETTES.	SOMMES À RECOUVRER au compte de l'exercice 189 .		GESTION 189 . — RECOUVREMENTS effectués pendant les 12 premiers mois de l'exercice 189 .	GESTION 189 . — RECOUVREMENTS effectués pendant les 3 mois complémentaires de l'exercice 189 .	TOTAUX des RECOUVREMENTS de l'exercice 189 . (Col. 6 et 7.)	RESTES à RECOUVRER au 30 mars 189 . à reporter à l'exercice 189 .	OBSERVATIONS.
			Fixation provisoire d'après le budget primitif, le budget additionnel et les autorisations spéciales.	Montant des produits d'après les titres et actes justificatifs, déduction faite des réductions					
1	2	3	4	6	5	7	8	9	10
		Report............							
	2	Produits des publications communes à plusieurs Facultés....							
	3	Produit des opérations autorisées par le Ministère de l'Instruction publique, pour le compte de particuliers, dans des laboratoires communs à plusieurs Facultés et dont la dépense doit être remboursée conformément aux conditions déterminées par le Conseil général des Facultés...							
	4	Allocations consenties par des Facultés pour contribuer à des dépenses communes.........							
	5	Subventions de l'État..........							
	6	Subventions des départements, des communes, des établissements publics, des établissements d'utilité publique et des particuliers.							
	7	Ressources autres que celles ci-dessus énumérées et ayant le caractère de revenus........							
		TOTAL des recettes ordinaires.							
		2° BUDGET EXTRAORDINAIRE.							
		Capitaux provenant de dons et legs......							
		d'emprunts.........							
		d'aliénations........							
		de remboursements...							
		de coupes extraordinaires de bois.....							
		de ressources autres que celles ci-dessus désignées.........							
		TOTAL des recettes extraordinaires.							
		RÉCAPITULATION :							
		Recettes du budget ordinaire......							
		Recettes du budget extraordinaire..							
		TOTAUX GÉNÉRAUX....							

GESTION 189 . (2ᵉ PARTIE.)

(12 premiers mois de l'exercice 189 .)

DÉPENSE.

Fait DÉPENSE le comptable de la somme de

montant des payements qu'il a effectués pendant l'année 189 , en acquit des mandats délivrés, soit sur les crédits ouverts dans le budget de l'exercice 189 , soit sur les crédits reportés de l'exercice 189 sur l'exercice 189 , soit sur les crédits supplémentaires alloués par des décisions spéciales, lesquels payements sont justifiés conformément aux instructions, ci. . . . . F.

GESTION 189 . (1ʳᵉ PARTIE.)

(3 mois complémentaires de l'exercice 189 .)

DÉPENSE.

Fait DÉPENSE le comptable de

montant des payements qu'il a effectués sur les mêmes services pendant les 3 derniers mois de la gestion 189 , lesquels payements sont justifiés conformément aux instructions, ci. . F.

Rappel des payements effectués en 189 . . . .

TOTAL des payements de l'exercice 189 . F.

NUMÉROS D'ORDRE. (SÉRIE UNIQUE.)	NUMÉROS DES ARTICLES DU BUDGET.	DÉSIGNATION des DÉPENSES.	CRÉDITS OUVERTS par le budget et par des décisions spéciales.	GESTION 189 . PAYEMENTS effectués pendant les 12 premiers mois de l'exercice 189 .	GESTION 189 . PAYEMENTS effectués pendant les 3 mois complémentaires de l'exercice 189 .	TOTAUX des PAYEMENTS de l'exercice 189 . (Col. 5 et 6.)	RESTES à payer au 30 mars 189 , à reporter à l'exercice 189 .	CRÉDITS ANNULÉS faute d'emploi.	OBSERVATIONS.
1	2	3	4	5	6	7	8	9	10
		1° BUDGET ORDINAIRE.							
	1	Impositions établies par les lois..							
	2	Dépenses du personnel imputables sur le revenu des dons et legs ou sur les subventions							
	3	Bourses payées à l'aide des mêmes ressources							
	4	Dépenses de la bibliothèque universitaire.							
	5	Entretien des bâtiments.							
	6	Entretien du mobilier							
	7	Éclairage et chauffage							
	8	Impressions et frais de bureau..							
	9	Frais matériels des examens.							
	10	Entretien et accroissement des collections							
	11	Frais de cours et de laboratoire.							
	12	Frais de travaux pratiques des étudiants.							
	13	Frais des publications.							
	14	Frais des opérations autorisées dans les laboratoires pour le compte de particuliers							
		A reporter.							

GESTION 189 . (2e PARTIE.)
(12 premiers mois de l'exercice 189 .)

GESTION 189 . (1re PARTIE.)
(3 mois complémentaires de l'exercice 189 .)

NUMÉROS D'ORDRE. (SÉRIE UNIQUE.)	NUMÉROS DES ARTICLES DU BUDGET.	DÉSIGNATION des DÉPENSES.	CRÉDITS OUVERTS par le budget et par des décisions spéciales.	GESTION 189 . PAYEMENTS effectués pendant les 12 premiers mois de l'exercice 189 .	GESTION 189 . PAYEMENTS effectués pendant les 3 mois complémentaires de l'exercice 189 .	TOTAUX des PAYEMENTS de l'exercice 189 . (Col. 5 et 6.)	RESTES à payer au 30 mars 189 , à reporter à l'exercice 189 .	CRÉDITS ANNULÉS faute d'emploi.	OBSERVATIONS.
1	2	3	4	5	6	7	8	9	10
		Report............							
	15	Acquisitions et allocations pour prix et médailles........							
	16	Rétribution de l'Agent comptable.................							
	17	Acquittement des dettes exigibles..............							
	18	Dépenses autres que celles ci-dessus énumérées et imputables sur les revenus annuels..............							
		Total des dépenses ordinaires.							
		2° BUDGET EXTRAORDINAIRE. (Ouvrir, quand il y a lieu, l'article ou les articles nécessaires et désigner l'objet des dépenses.) Emploi des capitaux provenant de dons et legs, d'emprunts, d'aliénations, de remboursements, etc.							
		Total des dépenses extraordinaires...............							
		RÉCAPITULATION.							
		Dépenses du budget ordinaire..							
		Dépenses du budget extraordinaire.............							
		Totaux généraux.....							

GESTION 189 . (2ᵉ PARTIE.)

OPÉRATIONS RELATIVES AUX SERVICES HORS BUDGET.

RECETTE.

Fait Recette le Comptable de la somme de
montant des recouvrements effectués par lui, pendant l'année 189 , pour les *Services exécutés en dehors des budgets*, lesquels recouvrements sont justifiés conformément aux instructions, ci............ *F.*

NUMÉROS D'ORDRE (Série unique).	NUMÉROS des services.	DÉSIGNATION DES SERVICES.	RESTES À RECOUVRER au 31 décembre 189	TITRES ÉMIS en 189	TOTAL à RECOUVRER.	RECOUVREMENTS effectués.	RESTES À RECOUVRER au 31 décembre 189	OBSERVATIONS.
1	2	3	4	5	6	7	8	9
		Frais de poursuites des créances du Corps des Facultés................						
		Divers, l/c de retenues pour le service des pensions civiles..............						
		Divers, l/c de retenues pour oppositions juridiques et à divers titres........						
		Excédents de versements............						
		Recettes à classer ou à vérifier.......						
		Recettes à opérer par anticipation.....						
		Recettes en atténuation de dépenses budgétaires....................						
		Totaux............						

DÉPENSE.

Fait Dépense le Comptable de la somme de
montant des payements effectués par lui, pendant l'année 189 , pour les *Services exécutés en dehors des budgets*, lesquels payements sont justifiés conformément aux instructions, ci................ *F.*

NUMÉROS D'ORDRE (Série unique).	NUMÉROS des services.	DÉSIGNATION DES SERVICES.	PAYEMENTS effectués.	RAPPEL DES RECETTES.			EXCÉDENTS de recette au 31 décembre 189	OBSERVATIONS.
				EXCÉDENTS de recette au 31 décembre 189	RECOUVREMENTS effectués (col. 7 du cadre ci-dessus).	TOTAL es recettes.		
1	2	3	4	5	6	7	8	9
		Frais de poursuites des créances du Corps des Facultés............						
		Divers, l/c de retenues pour le service des pensions civiles..............						
		Divers, l/c de retenues pour oppositions juridiques et à divers titres........						
		Excédents de versements............						
		Recettes à classer ou à vérifier........						
		Recettes opérées par anticipation......						
		Recettes en atténuation de dépenses budgétaires....................						
		Totaux............						

SITUATION DU COMPTABLE AU 31 DÉCEMBRE 189 .

	SERVICES BUDGÉTAIRES.	SERVICES HORS BUDGET.	TOTAUX.
Les Recettes effectuées pendant la gestion 189 s'élèvent, savoir :			
Sur l'exercice 189 , suivant le rappel fait en tête du présent compte, à			
Sur l'exercice 189 , suivant les détails ci-dessus, à.		"	"
Sur les services hors budget, à.	"	"	
Les Dépenses acquittées pendant la gestion 189 s'élèvent, savoir :			
Sur l'exercice 189 suivant le rappel fait en tête du présent compte, à.			
Sur l'exercice 189 suivant les détails ci-dessus, à.	"	"	
Sur les services hors budget, à.	"	"	
Excédent de la sur la			
D'après la situation au 31 décembre 189 , rapportée au premier article du présent compte, le comptable se trouvait, à cette époque, débiteur de.			
Il en résulte que le comptable était, au 31 décembre 189 , débiteur :			
Pour les services compris dans les budgets, de		"	"
Pour les services hors budget, de.	"	"	

Le comptable devait donc représenter dans sa caisse une somme de F.

Cette somme a été en effet représentée à la même époque du 31 décembre 189 , ainsi que le constate le procès-verbal rapporté à l'appui du présent compte, par les valeurs ci-après, savoir :

Situation et solde de caisse au 31 décembre 189 .			
Fonds disponibles en caisse	appartenant au corps des Facultés de.		
	provenant des services exécutés en dehors des budgets.		
Fonds placés au Trésor public.			
Avances à recouvrer.	pour		
	pour		

Somme égale. . . . .

Cet excédent de recette au 31 décembre 189 sera rapporté en tête du compte de la gestion 189 (2ᵉ partie), pour servir à l'établissement de la situation du comptable au 31 décembre 189 .

RÉSULTAT FINAL DE L'EXERCICE 189 , CLOS AU 30 MARS 189 .

	BUDGET ORDINAIRE.		BUDGET EXTRAORDINAIRE.	
	RECETTES.	DÉPENSES.	RECETTES.	DÉPENSES.
Les Recettes effectuées pendant les trois premiers mois de la gestion 189 , sur l'exercice 189 , s'élèvent à.				
Les Dépenses constatées pendant la même période sur ledit exercice montent à.				
Ces opérations seront rapportées en tête du compte de la gestion 189 (2ᵉ partie) pour servir à l'établissement de la situation du comptable au 31 décembre 189 .				
Rappel des opérations effectuées en 1889.	Recettes				
	Dépenses				
Totaux des opérations de l'exercice 189				
Excédent de				
Le Résultat définitif de l'exercice 189 , porté *pour mémoire* au compte ci-dessus, présente un excédent de de.				
Le Résultat définitif de l'exercice 189 , égal au compte d'administration du même exercice, est un excédent de de.				

L'Agent comptable soussigné affirme véritable, sous les peines de droit, le présent compte, comprenant, pour la gestion 189 : 1° le rapport des opérations complémentaires de l'exercice 189 ; 2° les recettes et les dépenses des douze premiers mois de l'exercice 189 ; 3° les recettes et les dépenses des services hors budget ; et, pour la gestion 189 , les opérations complémentaires de l'exercice 189 :

Le comptable affirme, en outre, et sous les mêmes peines, que les recettes et les dépenses portées dans ce compte sont, sans exception, toutes celles qui ont été faites pour le service du Corps des Facultés et qu'il n'en existe aucune autre à sa connaissance.

A , le 189 .

L'Agent comptable,

Certifié le présent compte conforme dans toutes ses parties, aux résultats de la comptabilité de l'Agent comptable.

A , le 189 .

Le Président du Conseil général des Facultés,

MINISTÈRE
DE L'INSTRUCTION
PUBLIQUE.

EXERCICE 189 .

CORPS DES FACULTÉS de

MODÈLE N° 24 *bis.*

Art. 146 du Règlement.

(*Format tellière.*)

ÉTAT des crédits supplémentaires alloués après la fixation du budget de l'exercice 189 .

NUMÉROS des ARTICLES du compte. 1	NUMÉROS des ARTICLES du budget. 2	DATES des DÉCISIONS. 3	NATURE DES DÉPENSES. 4	MONTANT des CRÉDITS par article du compte. 5	OBSERVATIONS. 6
			TOTAL.....		

CERTIFIÉ EXACT :

A   , le   189 .

Le Président du Conseil général des Facultés,

MINISTÈRE
DE L'INSTRUCTION
PUBLIQUE.

MODÈLE N° 25.*bis.*

Art. 146 du Règlement.

(*Format écu.*)

CORPS DES FACULTÉS de

ÉTAT

DES

PROPRIÉTÉS FONCIÈRES[1], RENTES ET CRÉANCES MOBILIÈRES

QUI COMPOSENT L'ACTIF DU CORPS DES FACULTÉS,

ET DES PRIX DE BAUX ET ARRÉRAGES DE RENTES

À PERCEVOIR.

GESTION 189

[1] On doit faire figurer dans le présent état toutes les propriétés foncières, quelle qu'en soit la nature, même les maisons et autres propriétés affectées à un service du Corps des Facultés.

40

Suite du MODÈLE N° 25 *bis.*

CORPS DES FACULTÉS
de

NOTA. Les produits doivent être totalisés par article du compte.

GESTIO

ÉTAT des propriétés foncières, rentes et créances mobilières qui composent l'ac

PROPRIÉTÉS FONCIÈRES, RENTES S

NUMÉROS D'ORDRE.	NUMÉROS des articles du compte de gestion.	NATURE des immeubles, des rentes et des créances.	CONTENANCE des immeubles.	SITUATION des immeubles.	NATURE et dates des titres de propriété.	VALEUR approximative des propriétés foncières (maisons, bâtiments, édifices, etc.).	EMPLOI ou usage des propriétés foncières.	DATES des inscriptions hypothécaires prises pour la conservation des titres de créances et rentes.	NOMS des fermiers et locataires ou des débiteurs de rentes et créances.	DOMICILE des fermiers, locataires et débiteurs.
1	2	3	4	5	6	7	8	9	10	11

89 .

Corps des Facultés et des prix de baux et arrérages de rentes à percevoir.

PARTICULIERS, CRÉANCES DIVERSES.											RENSEIGNEMENTS sur LES PROCÉDURES entamées à l'occasion des propriétés, des créances ou des rentes sur particuliers. — OBSERVATIONS diverses.
AFFERMAGE DES MAISONS, BIENS RURAUX.					RENTES SUR PARTICULIERS ET CRÉANCES DIVERSES.						
Dates des baux.	Durée des baux.	Époques d'entrée en jouissance.	Prix annuel des baux.	Échéance des payements.	Dates des constitutions de rentes.	Qualités et charges des constitutions.	Montant des rentes et créances diverses.	Montant du capital de chaque rente et créance.	Époques d'échéance des capitaux.	Époques d'échéance des intérêts ou arrérages.	
12	13	14	15	16	17	18	19	20	21	22	23

RENTES SUR L'ÉTAT.				OBSERVATIONS.
NUMÉROS des inscriptions.	DATES de la jouissance. des rentes.	MONTANT des rentes.	PRODUIT des rentes.	

Certifié exact :

A   , le   189

Le Président du Conseil général des Facultés,

MINISTÈRE
DE L'INSTRUCTION
PUBLIQUE.

MODÈLE N° 26 *bis*.

Art. 146 du Règlement.

(*Format couronne.*)

CORPS DES FACULTÉS de

Bordereau sommaire des adjudications et des marchés passés, pour l'année 189   , avec les entrepreneurs et les fournisseurs du Corps des Facultés de

DÉSIGNATION DES OBJETS.	MODE DES MARCHÉS.	DURÉE DES ADJUDICATIONS et des marchés.	PRIX FIXÉS PAR LES ADJUDICATIONS et les marchés.	DATES DE L'APPROBATION des adjudications et des marchés.	NUMÉROS DES MANDATS auxquels SONT ANNEXÉES LES COPIES des cahiers des charges, des procès-verbaux d'adjudication et des marchés.	OBSERVATIONS.
1	2	3	4	5	6	7

Vu et vérifié :

A   , le   189   .

Le Président du Conseil général des Facultés,

Certifié véritable :

A   , le   189   .

L'Agent comptable,

ANNÉE 189 .

MOIS

d .

MINISTÈRE DE L'INSTRUCTION PUBLIQUE.

CORPS DES FACULTÉS de

MODÈLE N° 27 *bis*.

Art. 121 du Règlement.

(*Format couronne.*)

ÉTAT MENSUEL des sommes payées aux fonctionnaires, employés et agents rétribués sur les fonds de l'article 2 du budget ordinaire, dénommés ci-après, soumis à la retenue en vertu de la loi sur les pensions civiles, pour leurs traitements fixes de l'année 189 .

		TRAITEMENTS		RETENUES ACQUISES AU TRÉSOR.				NET	OBSERVATIONS. Indiquer dans cette colonne, en cas de mutation, pour les professeurs, fonctionnaires et agents nouvellement admis, la date de la nomination, le traitement antérieur le plus élevé, l'année et la position correspondantes; pour ceux qui cessent de figurer sur les états la destination ultérieure, s'il y lieu. En cas d'augmentation de traitement, indiquer la date de la décision.
NOMS.	FONCTIONS.	par AN.	pour le MOIS.	du 20ᵉ	du 1ᵉʳ douzième de traitement ou d'augmentation de traitement.	à divers TITRES.	TOTAL des retenues.	à PAYER.	
1	2	3	4	5	6	7	8	9	10
TOTAUX....									

ARRÊTÉ le présent état à la somme totale de

dont   pour les retenues acquises au Trésor

et   pour le net à payer pendant le mois d   189 .

A   , le   189 .

CERTIFIÉ EXACT :

A   , le   189 .

Le Président du Conseil général des Facultés,

L'Agent comptable,

MODÈLE N° 28 bis.

Art. 121 du Règlement.

MINISTÈRE DE L'INSTRUCTION PUBLIQUE.

CORPS DES FACULTÉS de

(*Format couronne.*)

ÉTAT ANNUEL des sommes payées aux fonctionnaires, employés et agents rétribués sur les fonds de l'article 2 du budget ordinaire, dénommés ci-après, soumis à la retenue en vertu de la loi sur les pensions civiles, pour leurs traitements fixes pendant l'année 189 .

NOMS.	FONCTIONS.	TRAITE-MENTS de L'ANNÉE.	RETENUES ACQUISES AU TRÉSOR.		TOTAL des retenues.	à divers TITRES.	NET à PAYER.	OBSERVATIONS. Indiquer, dans cette colonne, en cas de mutation, pour les professeurs, fonctionnaires et agents nouvellement admis, la date de la nomination, le traitement antérieur le plus élevé, l'année et la position correspondantes; pour ceux qui cessent de figurer sur les états, la destination ultérieure, s'il y a lieu. En cas d'augmentation de traitement, indiquer la date de la décision.
			du 20ᵉ.	du 1ᵉʳ douzième de traitement ou d'augmentation de traitement.				
1	2	3	4	5	7	6	8	9
	A reporter..							

41

NOMS.	FONCTIONS.	TRAITE-MENTS de L'ANNÉE.	RETENUES ACQUISES AU TRÉSOR				NET à PAYER.	OBSERVATIONS. Indiquer dans cette colonne, en cas de mutation, pour les professeurs, fonctionnaires et agents nouvellement admis, la date de la nomination, le traitement antérieur le plus élevé, l'année et la position correspondantes ; pour ceux qui cessent de figurer sur les états, la destination ultérieure, s'il y a lieu. En cas d'augmentation de traitement, indiquer la date de la décision.
			du 20°.	du 1er douzième de traitement ou d'augmentation de traitement.	à divers TITRES.	TOTAL des retenues.		
1	2	3	4	5	6	7	8	9
	Report.....							
	Totaux....							

Arrêté le présent état à la somme totale de

dont   pour les retenues acquises au Trésor

et   pour le net à payer pendant l'année 189 .

A   , le   189 .

L'Agent comptable,

Certifié exact :

A   , le   189 .

Le Président du Conseil général des Facultés,

MINISTÈRE DE L'INSTRUCTION PUBLIQUE,

Modèle n° 29 *bis.*

Art. 146 du Règlement.

CORPS DES FACULTÉS de

(Format couronne.)

GESTION { 189 . (1re PARTIE.)
{ 189 . (2e PARTIE.)

BORDEREAU RÉCAPITULATIF des pièces produites par l'Agent comptable à l'appui de son compte de gestion.

DÉSIGNATION DES PIÈCES. 1	NOMBRE DE PIÈCES produites. 2
PIÈCES PRINCIPALES.	
Procès-verbal de la situation de la caisse au 31 décembre, et bordereau de situation sommaire..........	
Budget de l'exercice...	
Budget additionnel...	
État des crédits supplémentaires.......................................	
État des propriétés foncières, des rentes et créances composant l'actif du Corps des Facultés.............	
Bordereau sommaire des adjudications et marchés passés pour les fournitures et travaux pendant l'année ..	
État récapitulatif annuel des traitements et des retenues...............................	
Total des pièces principales...........................	

41.

RECETTES.

NUMÉROS DES ARTICLES du compte. 1	NUMÉROS des articles du budget. 2	DÉSIGNATION DES RECETTES. 3	NOMBRE DE PIÈCES produites. 4	OBSERVATIONS. 5
		1° BUDGET ORDINAIRE.		
	1	§ 1ᵉʳ. Revenus des biens meubles et immeubles................		
		§ 2. Intérêts des fonds placés au Trésor....................		
	2	Produit des publications communes à plusieurs Facultés.........		
	3	Produit des opérations autorisées par le Ministre de l'Instruction publique pour le compte de particuliers		
	4	Allocations consenties par des Facultés pour contribuer à des dépenses communes...............................		
	5	Subventions de l'État.................................		
	6	Subventions des départements, des communes, des établissements publics, des établissements d'utilité publique et des particuliers..		
	7	Ressources autres que celles ci-dessus énumérées et ayant le caractère de revenus..................................		
		2° BUDGET EXTRAORDINAIRE.		
		Capitaux provenant { de dons et legs.............................		
		d'emprunts................................		
		d'aliénations..............................		
		de remboursements.........................		
		de coupes extraordinaires de bois..................		
		de ressources autres que celles ci-dessus désignées.....		
		TOTAL des pièces produites à l'appui des recettes........		

DÉPENSES.

NUMÉROS DES ARTICLES du compte. 1	NUMÉROS des articles du budget. 2	DÉSIGNATION DES DÉPENSES. 3	NOMBRE DE PIÈCES produites, y compris les mandats. 4	OBSERVATIONS. 5
		1° BUDGET ORDINAIRE.		
	1	Impositions établies par les lois........................		
	2	Dépenses du personnel imputables sur le revenu des dons et legs, sur les subventions................................		
	3	Bourses payées à l'aide des mêmes ressources..............		
	4	Dépenses de la bibliothèque universitaire..................		
	5	Entretien des bâtiments.................................		
	6	Entretien du mobilier...................................		
	7	Éclairage et chauffage..................................		
	8	Impressions et frais de bureau...........................		
	9	Frais matériels des examens.............................		
	10	Entretien et accroissement des collections.................		
	11	Frais de cours et de laboratoire..........................		
	12	Frais de travaux pratiques des étudiants...................		
	13	Frais des publications..................................		
	14	Frais des opérations autorisées dans les laboratoires pour le compte de particuliers.....................................		
	15	Acquisitions et allocations pour prix et médailles............		
	16	Rétribution de l'agent comptable.........................		
	17	Acquittement des dettes exigibles........................		
	18	Dépenses autres que celles ci-dessus énumérées et imputables sur les revenus annuels..................................		
		2° BUDGET EXTRAORDINAIRE.		
		(Ouvrir, quand il y a lieu, l'article ou les articles nécessaires et désigner l'objet des dépenses.)		
	Emploi des capitaux provenant de dons et legs, d'emprunts, d'aliénations, de remboursements, etc.			
		Total des pièces produites à l'appui des dépenses......		

SERVICES HORS BUDGET.

NUMÉROS DES ARTICLES du compte.	DÉSIGNATION DES SERVICES.	NOMBRE DE PIÈCES produites.	OBSERVATIONS.
1	2	3	4

RECETTES.

Frais de poursuites des créances du Corps des Facultés pour le service des pensions civiles...

Divers, L/C de retenues pour oppositions juridiques et à divers titres.

DÉPENSES.

Frais de poursuites des créances du Corps des Facultés.............

Divers, L/C de retenues pour le service des pensions civiles........

Divers, L/C de retenues pour oppositions juridiques et à divers titres..

TOTAL des pièces produites pour les services hors budget...

RÉCAPITULATION.

Pièces principales...

Pièces produites pour la justification des recettes..................

Pièces produites pour la justification des dépenses.................

Pièces produites pour la justification des services hors budget........

TOTAL GÉNÉRAL...........................

TABLE DES MODÈLES.

1° FACULTÉS.

2° CORPS DE FACULTÉS.

TABLE GÉNÉRALE.